NONNENGRUFT

Schätze des Alten Friedhofs

Führer durch die Ausstellung NONNENGRUFT. Schätze des Alten Friedhofs
mit Texten von
Mona Djabbarpour (MD), Sandra Haas (SH), Corinna Zimber (CZ).
Herausgegeben von der Gesellschaft der Freunde und Förderer des Alten Friedhofs in Freiburg i. Br. e.V.
und gefördert von der Adelhausenstiftung Freiburg i. Br.

Impressum
NONNENGRUFT. Schätze des Alten Friedhofs
hrg. von der Gesellschaft der Freunde und Förderer des Alten Friedhofs in Freiburg i. Br. e.V.
© 2021 Gesellschaft der Freunde und Förderer des Alten Friedhofs in Freiburg i. Br. e.V.
Alle Rechte vorbehalten
Vertrieb: Rombach Verlag KG, Freiburg i. Br.
Satz / Layout: MATTHIAS KNEUSSLIN | hoyerdesign | Freiburg
Herstellung: Bucherer & End, Kappel-Grafenhausen
Printed in Germany
ISBN 978-3-7930-5194-7

Inhalt

Vorwort 4
Einleitung 8
Geschichtlicher Überblick 11

Katalog:

Nr. 751 / von Mayersburg 18
Nr. 694 / Straumman 20
Nr. 781 / Mayr 22
Nr. 414 / Frey 24
Nr. 665 / Hosner 26
Nr. 856 / von Baden 28
Nr. 655 / Sturm 30
Nr. 695 / de Carignani 32
Nr. 127 / Riescher 34
Nr. 458 / Voit 36
Nr. 17 / Staravasnig 38
Nr. 398 / Rombach 40
Nr. 2 / Küsswieder 42
Nr. 464 / Raufer 44
Nr. 800 / Schinzinger 46
Nr. 270 / Imbery 48
Nr. 970 / Heuberger 50
Nr. 795 / Deisch 52

Nr. 563 / Bruderhofer 54
Nr. 41 / Fehrenbach-Hartmann 56
Nr. 907 / Eiter 58
Nr. 125 / von Bissingen 60
Nr. 288 / Rinck von Baldenstein 62
Nr. 267 / Winder 64
Nr. 313 / Streicher 66
Nr. 124 / Feuerbach 68
Nr. 409 / Schlosser 70
Nr. 408 / Schlosser 72
Nr. 1039 /
    de Zea Bermudez y Colombi 74
Nr. 892 / von Welz 76
Kreuz vom Annaplatz 78
Nr. 367 / Stohr 80
Nr. 731 / Anonym 82
Nr. 956 / Walter 84
Nr. 838 / Knie 88

Glossar 92
Ausgewählte Literatur 93
Abbildungsnachweis 96
Plan mit den Standorten der Kopien
auf dem Alten Friedhof 98

Vorwort

Das Schwarze Kloster mit seinen außergewöhnlichen Kunstschätzen ist eines der bedeutenden historischen Bauten im Besitz der Adelhausenstiftung. Es ist von besonderem öffentlichem und kulturellem Interesse.

Ich freue mich sehr über die gelungene Kooperation mit der *Gesellschaft der Freunde und Förderer des Alten Friedhofs in Freiburg e.V.* und insbesondere mit Frau Dr. Corinna Zimber, die als Vorsitzende des Vereins mit ihrer Ausstellungsidee auf uns zugekommen ist. Als Eigentümerin des Schwarzen Klosters war es auch im Interesse der Adelhausenstiftung, das Klostergebäude und die Nonnengruft mit den originalen Grabsteinen wieder mehr ins Bewusstsein der Öffentlichkeit zu rücken. Gleichzeitig ist es das Anliegen der Stiftung, bürgerschaftliches Engagement, wie es die Freunde des Alten Friedhofs in besonderem Maße leisten, zu würdigen. Daher haben wir dieses Projekt im Rahmen des Stadtjubiläums gerne auch finanziell unterstützt.

Euphemia Dorer (1667-1752), ab 1709 Oberin des Schwarzen Klosters

Das Schwarze Kloster erhielt seinen Namen nach der dunklen Ordenskleidung seiner ehemaligen Bewohnerinnen, der Ursulinen. Der Orden widmete sich der Erziehung und Bildung der weiblichen Bevölkerung, die meist kaum Zugang zu einer fundierten Ausbildung hatte. 1696 wurde den Ursula-Schwestern eine Niederlassung in Freiburg genehmigt. Zu dieser Zeit gab es in Freiburg bereits neben einer Lateinschule für Jungen eine städtische Schule, die auch Mädchen unterrichtete, allerdings gegen Schulgeld und auch oft nur in den Wintermonaten, in denen die Mädchen als Arbeitskräfte entbehrlich waren. Erst mit dem Eintreffen der Ursulinen erhielten die Freiburgerinnen umfassenden Zugang zu Bildung und Wissen.

Durch großzügige Spenden der Bürgerschaft sowie des Erzbistums konnte der Bau der Klosteranlage 1708 beginnen und nach nur zweijähriger Bauzeit die noch provisorisch ausgestattete Kirche im August 1710 „Zum Heiligsten Herzen Jesu" geweiht werden.

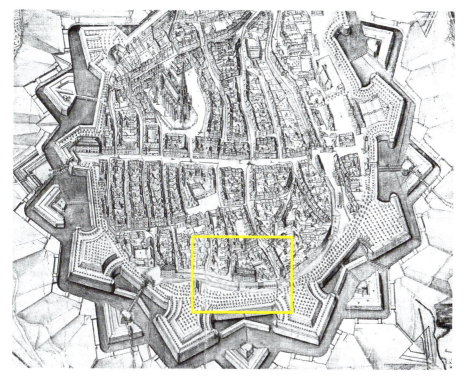

Spenden ermöglichten den Erwerb des Grundstücks, auf dem noch heute der ehemalige Klosterkomplex mit eigener Klosterkirche steht (Abb.: sog. Pergamentplan von 1706)

Die Schule der Ursulaschwestern fand dank ihres guten Rufes immer größeren Zulauf. Im 19. Jahrhundert wuchs sie zur größten Bildungseinrichtung für Frauen und Mädchen im neugegründeten Badischen Staat. Man richtete eine Näh- und Arbeitsschule, ferner eine Sonntagsschule für arme Frauen und lernwillige Dienstmädchen ein.

Das „Schwarze Kloster" im 19. Jahrhundert

Im Zuge der Säkularisierung wurde das kirchliche Schulwesen zunehmend eingeschränkt, der Badische Kulturkampf verstärkte diese Entwicklung, so dass weitere Klöster schließen mussten. Die 15 Ursulaschwestern mussten ihr „Weibliches Lehr- und Erziehungsinstitut" 1877 aufgeben und das Kloster verlassen. Das Lehrinstitut mit seinen 1.000 Schülerinnen wurde trotz des schriftlichen Protestes von 3.000 Bürgern aufgelöst. Zehn Jahre zuvor hatten bereits die Dominikanerinnen des Adelhauser Klosters ihr Klostergebäude verlassen müssen.

Später gründeten die Schwestern von St. Ursula am Fahnenbergplatz eine private höhere Töchterschule und setzten so ihre Bildungstradition fort. Nachdem sie ihre Ordensrechte zurückerhalten hatten, gründeten sie das „Katholische Lehr- und Erziehungsinstitut" in der Eisenbahnstraße, den Vorläufer des heutigen Gymnasiums St. Ursula.

Das ehemalige Konventgebäude „Schwarzes Kloster" wurde später von unterschiedlichen städtischen Institutionen genutzt. Seit 1982 ist nach umfassenden Modernisierungen die Volkshochschule hier angesiedelt. Die Klosterkirche wurde bereits 1894 der altkatholischen Gemeinde zur Verfügung gestellt.

Die Vermögenswerte der Ursulinen wurden zunächst in die „Stiftung vormals St. Ursula" überführt. Aus der Fusion dieser Stiftung mit dem „Schulfonds Adelhausen" entstand 1978 die Adelhausenstiftung als Rechtsnachfolgerin beider Institutionen. Sie sorgt für den Unterhalt der Klosterkirchen und der Klosteranlagen und gewährleistet durch die erforderlichen Restaurierungen den zukünftigen Fortbestand dieser wertvollen Kulturdenkmäler im Herzen Freiburgs.

Der Ausstellung „Nonnengruft – Schätze des Alten Friedhofes" wünsche ich zahlreiche interessierte Besucherinnen und Besucher!

Marianne Haardt
Stiftungsdirektorin

Das „Schwarze Kloster" heute

Einleitung

In der Planungsphase schien sich alles gut zu fügen: Das 20-jährige Bestehen der *Gesellschaft der Freunde und Förderer des Alten Friedhofs in Freiburg e.V.* sollte in das Jahr des 900-jährigen Stadtjubiläums 2020 fallen – und wo wenn nicht an Grabmalen lässt sich Stadtgeschichte im wahrsten Sinne begreifen? So hätte sich also das kleine mit dem großen Jubiläum aufs Schönste vereint. Ein Kristallisationspunkt dafür fand sich schnell: die Nonnengruft mit ihrer Sammlung originaler Grabmale. Die Direktion der Stiftungsverwaltung musste gar nicht überredet werden, sondern griff die Idee erfreut auf, gemeinsam mit der Fördergesellschaft das Lapidarium unter der Kirche St. Ursula des Schwarzen Klosters neu zu präsentieren. Das Projekt „NONNENGRUFT. Schätze des Alten Friedhofs" wurde als Beitrag der Adelhausenstiftung und der Fördergesellschaft Teil des Stadtjubiläums „Freiburg 2020. 900 Jahre jung".

Doch dann kam die Corona-Epidemie mit den bekannten Folgen für Ausstellungen und Veranstaltungen. Bald war klar, dass auch diese Ausstellung erstmal abgesagt werden musste. Aber die Direktorin der Stiftungsverwaltung Marianne Haardt hielt an dem Projekt fest und so konnten die Vorbereitungen weitergehen. Ihr und der Referentin für Kunst Aglaya Strauß gilt ein herzlicher Dank für die unkomplizierte Zusammenarbeit und großzügige Förderung! Sehr hilfreich war auch die Unterstützung durch die Irene-Kyncl-Stiftung und die Deutsche Stiftung Denkmalschutz, die die Erneuerung der Beleuchtung und der Tafeln in der Nonnengruft mitfinanzierten.

Auf Grund der unbürokratischen Genehmigungen städtischer Archive konnten einige besondere Abbildungen in diesen Katalog eingefügt werden, unter denen die historischen Fotografien aus dem Bestand Gottlieb Theodor Hase vom Alten Friedhof ebenso wie eine Zeichnung J. H. Rambergs hervorstechen. Hierfür seien Andreas Jobst (Stadtarchiv) und Felix Reuße (Augustinermuseum) stellvertretend gedankt. Peter Kalchthaler (Augustinermuseum), Bertram Jenisch (Landesamt für Denkmalpflege) und Thomas Schwarz gaben wertvolle inhaltliche Hinweise. Matthias Kneusslin übernahm die grafische Gestaltung. Ihnen allen danke ich im Namen der Fördergesellschaft sehr!

Die Texte dieses Katalogs waren ursprünglich als Infoblätter innerhalb der Ausstellung gedacht. Die Reihenfolge der Katalogstücke beschreibt einen Rundgang durch die Nonnengruft. Sie folgt also der Aufstellung der Originale in den Kellerräumen des Schwarzen Klosters, nicht der ihrer Kopien auf dem Alten Friedhof. Damit ein Besucher des Alten Friedhofs sich dennoch schnell zurechtfindet, sind die Standorte der Kopien auf einem Plan am Ende der Broschüre verzeichnet. Die Katalog- und Plannummern entsprechen den

Blick vom Schloßberg nach Nordwesten in einer Fotografie von Gottlieb Theodor Hase

Inventarnummern, die auch an den Kopien auf dem Alten Friedhof angebracht sind. Dem Besucher der Nonnengruft hingegen sollen die Fotografien im Katalog einen Eindruck von der aktuellen Aufstellung der Kopien auf dem Alten Friedhof bieten.

Als in den 1980er-Jahren die Reproduktionen gefertigt wurden, kopierte man in einigen Fällen wie beim Grabmal Feuerbach (Nr. 124) nicht das gesamte Grabmal, sondern nur Teile davon. So befindet sich z.B. vom Grabmal Colombi (Nr. 1039) der originale Sockel in der Gruft, die dazu gehörige Engelsfigur aus Marmor fehlt hier. Sie steht auf dem kopierten Sockel auf dem Alten Friedhof.

Ähnlich verhält es sich mit dem Grabmal Knie (Nr. 838), von dem wiederum nur der Sockel in der Nonnengruft zu sehen ist. Das dazu gehörige Eisenkreuz ist in Resten mit einem nachgebildeten Sockel auf dem Alten Friedhof erhalten. Beim Grabmal Heuberger (Nr. 970) wurde die originale Madonnenfigur in die Gruft transportiert, alles Übrige blieb vor Ort.

Die Inschriften der Grabmale wurden für diesen Katalog von den Originalen abgeschrieben. Wo dies nicht möglich war, wurde auf das Inventar von Thomas Schwarz aus den 1980er-Jahren zurückgegriffen. Bei der Lektüre der Inschriften stößt der Betrachter auf einige Merkwürdigkeiten wie altmodisch erscheinende Schreibweisen oder gar Rechtschreibschwächen der Bildhauer. (Konrad Duden hatte noch keine Maßstäbe gesetzt!): So mag der „Bosthalter" (Nr. 781) oder der „Vatter" (Nr. 398) noch als dem Zeitgeist verhaftet oder als dialektaler Niederschlag durchgehen, aber die „10 Kindren" (Nr. 127) muten wie ein Schreibfehler an. Selbst auf dem berühmten Blumengrab Nr. 956 läßt die Inschrift Zweifel aufkommen: Der Betrachter könnte durchaus den Namen der Verstorbenen und ihrer Schwester als „Waller" entziffern, obwohl die beiden eindeutig Walter hießen...

Der Mode des 18. und frühen 19. Jahrhunderts folgend verweisen die Inschriften in ihrer Schreibweise häufig auf antike Traditionen. Dies zeigt sich an der Verwendung von Großbuchstaben, der Setzung von Punkten als Worttrenner oder an dem Gebrauch eines „Vs" an Stelle eines „Us". Diese für lateinische Inschriften typischen Merkmale werden seit der Renaissance auch gerne durch ein spiegelverkehrtes N (wie bei Nr. 694) angereichert. Im Verlauf des 19. Jahrhunderts setzte sich dann eher die Normalschrift mit ihren Kleinbuchstaben durch.

Die inhaltliche Erkundung der Grabsprüche mögen die Besucher der Ausstellung selbst übernehmen. Hier sei nur das Grabmal von Barbara Sturm (Nr. 655) als schönes Beispiel für einen Sinnspruch angeführt:
SIE (…) STARB WIE SIE LEBETE GUT.

Corinna Zimber
Vorsitzende der Gesellschaft der Freunde und
Förderer des Alten Friedhofs in Freiburg i.Br. e.V.

Geschichtlicher Überblick

Der Alte Friedhof ist die dritte allgemeine Begräbnisstätte für die Bürger Freiburgs nach der auf dem Münsterplatz (bis 1515) und der um die Nikolauskirche in der Neuburg. König Ludwig XIV. ließ nach der Eroberung der Stadt 1677 Sébastien Le Prestre de Vauban eine moderne Festung (1679-1685) errichten. Diesem Bauvorhaben musste auch der Nikolausfriedhof weichen. Der neue Begräbnisplatz wurde im Norden außerhalb der Vaubanschen Festungsanlage angelegt und 1683 gesegnet.

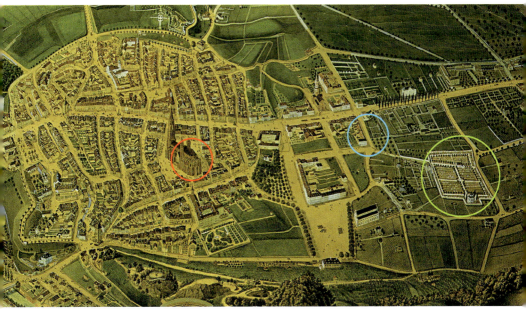

Lerchplan von 1852. Friedhöfe der Freiburger Bevölkerung: ○ **Münsterplatz (bis 1515)**, ○ **Nikolausfriedhof (bis um 1680) und** ○ **Alter Friedhof (bis 1872)**

Die Weihung einer dem Erzengel Michael gewidmeten Kapelle erfolgte erst 1725. Noch im 18. Jahrhundert wurde das Gotteshaus vergrößert und um eine Vorhalle ergänzt. Letztere malte ein unbekannter Künstler mit einem sogenannten Totentanz aus. In zwölf Bildern erfasst der Tod mal sanft, mal angriffslustig sein Gegenüber. Vom Kind bis zum Greis holt er alle ohne Unterscheidung der Stände und der Geschlechter.

Grabkreuze in einer historischen Aufnahme

Kaiser Joseph II. erließ im Jahr 1784 ein Verbot von Bestattungen in Kirchen, so auch im Freiburger Münster. Dort hatten bis dahin hochgestellte Persönlichkeiten (z.B. Universitätsprofessoren) ihre letzte Ruhestätte gefunden. Ausnahmen gab es seitdem nur für den privilegierten Klerus, der weiterhin in Kirchen bestattet werden durfte. Darüber hinaus sollten auf Geheiß des Kaisers alle Friedhöfe ummauert werden. 1788 erhielt auch der Alte Friedhof eine Mauer. Schon bald wurden die Bestattungsplätze an der Friedhofsmauer sehr begehrt, weil dort repräsentative Wandnischengrabmale errichtet werden konnten. So fanden viele Angehörige der Universität hier ihre letzte Ruhestätte.

Mehrfach musste das Friedhofsareal erweitert werden, bis schließlich ein neuer Hauptfriedhof weit außerhalb der damaligen Stadt an der heutigen Friedhofstraße angelegt wurde. Am 1.11.1872, also an Allerheiligen, wurde die letzte Beerdigung auf dem Alten Friedhof vorgenommen.

Die Michaelskapelle nach dem Bombenangriff 1944

Nach der Schließung bestimmte die Stadtverwaltung, dass der Friedhof als solcher bestehen bleibe, solange die Bevölkerung die Grabstätten der Vorfahren „ehrt". Oberbürgermeister Otto Winterer sorgte für die dauerhafte Erhaltung. Viele Jahre später (1914) beschloss der Stadtrat, die ganze Anlage dem Konservator der städtischen Sammlungen zu unterstellen und einer Bebauung zu entziehen. Damit war ein wichtiger Schritt zum Erhalt des Ensembles getan.

Während des 2. Weltkriegs beschädigte das britische Bombardement Freiburgs 1944 auch manches Grabmal und demolierte das Dach der Michaelskapelle schwer. Der Kirchenbau konnte in den 1960er-Jahren wieder in Stand gesetzt werden. Für die Restaurierung der Grabmale fehlte oft das Geld.

Als sich in den 70er-Jahren der Zustand der Steindenkmale zusehends verschlechterte, kam die Idee auf, die wertvollsten Stücke durch Kopien zu ersetzen. Schädliche Umwelteinflüsse, vor allem der saure Regen, hatten den

Augustinermuseum in den 1980er-Jahren   Abbau des Grabmals Nr. 2 in den 1980er-Jahren

Originalen stark zugesetzt. Unter Federführung des Landesdenkmalamts beauftragte das Städtische Hochbauamt ab 1980 die Herstellung von Stein-Kopien im Punktierverfahren und von Abgüssen aus Kunststein in zuvor angefertigten Silikonharzformen. So ein „Doppelgänger" kostete gut und gerne 8.000 bis 10.000 DM.

Nach einer Zwischenlagerung auf dem städtischen Bauhof und im Augustinermuseum bot Direktor Wolfgang Bock von der Heiliggeistspital-Stiftung im Jahr 1989 die Nonnengruft des Schwarzen Klosters für die Einrichtung eines Lapidariums an. Seitdem stehen hier 34 Originale und ein barockes Kreuz vom Annaplatz.

Ebenfalls in die 80er-Jahre fällt die von der Stadt beauftragte Inventarisierung der Grabmale auf dem Alten Friedhof durch Thomas Schwarz. Seine Liste umfasst immerhin noch ca. 1170 Exemplare. Der Rechtsreferendar Berthold Stoehr hatte im Jahr 1904 allerdings noch über 3480 Stücke gezählt. Der Zahn der Zeit hat seitdem also den Bestand mehr als halbiert.

Um einem weiteren Verfall Einhalt zu gebieten, gründete Ingrid Kühbacher auf Initiative und mit Unterstützung des Unternehmers Paul Ege im Jahr 2000 die *Gesellschaft der Freunde und Förderer des Alten Friedhofs in Freiburg i. Br. e. V.* (www.alter-friedhof-freiburg.de). Zahlreiche Mitglieder und Sponsoren wie die Sparkasse Freiburg-Nördlicher Breisgau oder die Irene-Kyncl-Stiftung ermöglichen es der Fördergesellschaft, die Stadt Freiburg beim Erhalt des Alten Friedhofs und seiner Denkmale mit erheblichen Mitteln zu unterstützen.

Der Alte Friedhof ist ein eingetragenes Kultur- und Naturdenkmal.

CZ

Kopie des Grabmals Walter Nr. 956 in den 1980er-Jahren

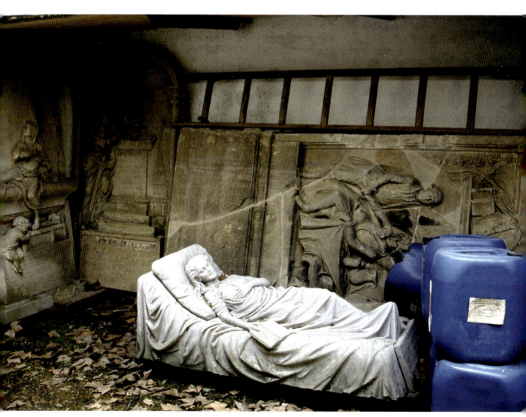

Katalog

Nr. 751 | von Mayersburg († 1790)

Künstler: unbekannt, roter Sandstein, freistehendes Grabmal
Inschrift:

DER
LIEBE DER TOCHTER.
PHILIPPINN. VON.
MAYERSBURG.
AUS
LIEBE DES UATTERS.
ERRICHTET.
DEN. 5. AUGUST.
1790.

Ein Putto vor einer Stele lehnt sich auf einen monumentalen Schild mit dem Wappen der Familie von Mayersburg. Auf die Stele ist ein Obelisk gesetzt, der seinerseits von einer drapierten Urne bekrönt wird. Die unverschliffene, blockhafte Addition der kubischen Formen gibt dem Grabmal einen strengen Charakter. Nur die sparsame Ornamentierung durch das Blumenfeston auf dem Obelisken und der zurückhaltende florale Dekor auf der Urne verleihen dem Grabstein der jungen Dame aus adeligem Hause eine weibliche Note. Neben Namensangabe und Todesdatum verweist die Inschrift auf die Liebe des grabmalstiftenden Vaters. Ohne jegliche Andeutung einer tröstenden Aussicht auf Auferstehung oder Seligkeit im Jenseits scheint die gramerfüllte Geste des Puttos mehr als nur vordergründige Pose, sondern Ausdruck der untröstlichen Trauer des Hinterbliebenen zu sein. Die Familie Mayer von Mayersburg stammte aus Fürstenbergischen Landen und wurde am 8. März 1736 von Kaiser Karl VI. in Wien in den erblich rittermäßigen Adelsstand erhoben.

MD

Nr. 694 | Straumman († 1764)

Künstler: unbekannt, roter Sandsteinsockel ursprünglich mit schmiedeeisernem Kreuz, freistehendes Grabmal

Inschrift Vorderseite: Inschrift Rückseite:

I.H.S.
REGIИA
STRA
UMEИ
IИ: GE
BORИE
EИGLE
RIИ
1764

HIER
RVHET
DER IИ
GOTT
SELIG. E
ИTSCHL
AFEИE
IACOB
STRAUMMA
И. WELCHER
GESTORBEИ
DEN. 7T. NOVER.
1764

Der Rokokostein stellt in verschiedener Hinsicht eine Besonderheit dar. Zum einen ist er einer der ältesten noch mit Rocailleform geschmückten Grabsteine überhaupt auf dem Alten Friedhof. Zum anderen gehört er zu den wenigen Steinen, die auf beiden Seiten beschriftet sind. Unter der Inschrift zu Jacob Straumman findet sich ein Totenkopf mit gekreuzten Knochen, Sinnbild der Vergänglichkeit des Lebens und Memento mori („Sei dir der Sterblichkeit bewusst").

Das Grabmal besteht heute nur noch aus dem Sockel. Ursprünglich trug dieser ein schmiedeeisernes Kreuz, das wie in vielen anderen Fällen längst verloren ist.   SH

Grabmal Straumman in einer historischen Aufnahme

Grabmal Mayr in einer
historischen Aufnahme

Nr. 781 | Mayr († 1789)

Künstler: unbekannt, roter Sandstein, freistehendes Grabmal
Inschrift:

MARGARITA. MAYR.
GEB: SCHMID.
45. IAHRE. ALT
ST: DEN. 17. IULII.
1789.
SIE. WARE. WAS. SIE.
SOLLTE. SEYN.
TUGEND. FLEIS. UND
REDLICHKEIT.
NUN. SETZEN. IHR. DEN
LEICHENSTEIN.
ACHTUNG. LIEBE.
DANCKBARKEIT.
DES. FÜHLENDEN. GATTENS.
IOH: BAPT: MAYR. MARKEDENTER.
UND. BOSTHALTER.

Die Gestaltung des klassizistischen Denkmaltypus variiert beim Grabmal der Margarita Mayr (1745-1789) durch die aufragende, kannelierte Säule statt des häufig verwendeten Obelisken. Der Putto scheint eher zu ruhen als sich einem untröstlichen Schmerz hinzugeben. Diese stille Geste verleiht dem Grabmal seinen ruhigen, in sich gekehrten Charakter. Der scheinbar schlafende Putto spielt auf Lessings Vorstellung vom Schlaf als Bruder des Todes an. Im Gegensatz zu der Vorstellung vom schaurigen Tod in der Barockzeit soll diesem im Zeitalter der Aufklärung aller Schrecken genommen werden zugunsten der christlichen Glaubensvorstellung von der Überwindung des Todes durch die Auferstehung am Jüngsten Tag. Während die biografischen Angaben zu der Person der Verstorbenen auf der bekrönenden Urne vermerkt sind, beschreibt die Inschrift auf der Säule ihre Tugenden schon zu Lebzeiten, die der liebende Gatte dankbar zu schätzen weiß.

MD

Nr. 414 | Frey († 1790)

Künstler: unbekannt, roter Sandstein, freistehendes Grabmal
Inschrift:

> HIER. RVHEN.
> IOH: N: FREY.
> ZVNFTM: V: GASTGEBER. Z: SCHWERD
> GEB: 2. FEBR: 1731 GEST: 29. AVG: 1790.
> VND. SEINE. FRAV.
> ANNA. CATHAR: RVBSAMEN.
> GEB: 6. AVG: 1730. GEST: 1. NOV: 1783
> DIE. TVGEND. OHNE. DIE. HOFNVNG.
> BESSERER. EWIGKEITEN. VERDIENTE.
> DIE. THRÄNEN. DES. MITLEIDS.

Der Inschrift auf dem Sockel zufolge wurde die Grabstätte des Ehepaares Frey anscheinend erst mit dem Tode von Joh. N. Frey angelegt, obwohl seine Frau schon sieben Jahre vor ihm verstorben war. Über dem Sockel lehnt sich ein trauernder Putto an eine festongeschmückte Urne und stützt sich dabei auf eine monumentale umgestürzte erloschene Fackel. Die Gestalt des trauernden, meist mit einer Draperie bedeckten Putto ist auf dem Alten Friedhof häufig anzutreffen. Seit der Renaissance ist er ein beliebtes Motiv in der Grabmalkunst. Er gilt als Verkörperung des kindlich reinen Gefühls, so dass er sich als Trauerfigur ungehemmt seinem Schmerz überlassen kann (vgl. auch die Grabmale von Baden Nr. 856, de Carignani Nr. 695, Hosner Nr. 665, von Mayersburg Nr. 751, Sturm Nr. 655).

Gerade im südwestdeutschen Raum wird der Putto noch lange über die Barockzeit hinaus gerne mit neuen, dem Klassizismus verpflichteten Motiven wie erloschener Fackel und Urne kombiniert. Die Verwendung der Kapitalisinschrift und die Verwendung des Buchstabens „V" für „U" unterstreichen den antikischen Charakter des Grabmals. Im Häuserbuch der Stadt Freiburg ist Nepomuk Frey ab 1785 als „Schwertwirt" im Haus „Zur Großen Traube" in der Kaiserstraße 70 verzeichnet.

MD

Nr. 665 | Hosner († 1786)

Künstler: Franz Anton Xaver Hauser, roter Sandstein, freistehendes Grabmal

Signatur: X. HAUSSER FECIT

Inschrift Vorderseite: Inschrift Rückseite:

DER	WANDERER.
REINEN ASCHE.	NICHT.
DER WOHLGEBOHRN.	OB DU LANGE.
IUNGFRAU	SONDERN.
M. MAGDALENEN.	OB DU RECHTSCHAFFEN
DES FÜRSTL. BAD. BAD.	GELEBT HABEST.
GEH. HOFR. HOSNER	DARAUF
EHL. TOCHTER.	KOMT ES AN.
SIE STARB	
DEN. 26. IANUAR. 1786.	
NUR	
22. IAHRE ALT.	
ABER	
AN TUGEND. VERNUNFT.	
UND SITTEN.	
SCHON	
DEM HIMMEL	
REIF	
AN DIESEM ORT GILT KEIN GEDICHT	
GEWISS: DIE DRÜKT IHR GRABSTEIN NICHT.	

Mit der Signatur von Franz Anton Xaver Hauser auf dem Grabmal der Magdalena Hosner (1764-1786) tritt uns eine in Freiburg wohlbekannte Künstlerpersönlichkeit entgegen, die wahrscheinlich auch das Kruzifix des Kreuzes auf dem Annaplatz geschaffen hat. Das Original steht heute ebenfalls in der Nonnengruft.

Ein trauernder Putto lehnt sich neben einer monumentalen Kartusche mit dem Wappen der Familie Hosner an eine Stele, über die ein hoch aufragender und mit drapierter Urne bekrönter Obelisk steht. Wie viele der namenlosen Künstler auf dem Alten Friedhof kombinierte auch Hauser für

dieses Grabmal die letztlich immer wiederkehrenden Elemente der Sepulkralkultur, die von antikem Formengut ausgehend über die Barockzeit bis zum Klassizismus immer wieder variiert werden: Obelisk, Urne, Putto und Familienwappen (vgl. die Grabmale von Baden Nr. 856 und von Mayersburg Nr. 751). In den parkähnlichen Friedhöfen der Zeit um 1800 avancierte der freistehende Obelisk zum Stimmungsträger, der den Betrachter in eine melancholische Stimmung und somit in einen Seelenzustand versetzen soll, der ihn zu Selbsterkenntnis und Läuterung befähigt. In der Inschrift wird die Tugendhaftigkeit der jung Verstorbenen gepriesen, deren Vorbild dem Betrachter gilt. Dieser ist nun seinerseits aufgerufen, dem Vorbild nachzueifern, um gleichfalls zu höherer Moral geläutert und derselben Glückseligkeit würdig zu werden.

Erst nach dem Tode der Tochter erwarb die Familie von Hofrat Hosner ab 1789 in der Schusterstraße 20 das Haus der ehemaligen Trinkstube der Schuhmacher „Zum Goldenen Bären". MD

Nr. 856 | von Baden († 1788)

Künstler: unbekannt, roter Sandstein, freistehendes Grabmal

Inschrift Vorderseite: Inschrift Rückseite:

STARB. SOPHIA (nach Stoehr:
IM. XIX. IAHRE. FREIFREULIN VON BADEN)
IHRES. ALTERS.
DEN. XX. IAEN:
MDCCLXXX VIII
SIE WAR ALLGEMEIN
GELIEBT

Ein Putto in gramgebeugter Haltung stützt sich schwer auf eine große Urnenvase, die mit klassizistischen Schmuckelementen und der Inschrift „Sie war allgemein geliebt" verziert ist. Er trägt seinen stoffreichen Mantel – zum Zeichen der Trauer leicht über den gesenkten Kopf gezogen – und breitet ihn wie ein Bahrtuch über das Gefäß. Trotz des Tuches kommt aber auch seine kunstvolle Frisur zur Geltung, deren Locken mit ihren Zangen und Gabeln wie ein Zitat antiker Statuen der Klassik wirkt. An die Antike erinnert auch der Obelisk hinter dem Putto. Seine obere Spitze ist abgebrochen als Zeichen für das abrupt beendete Leben der Verstorbenen: Sophia von Baden starb jung mit nur 19 Jahren, wie ein auf der Vorderseite angebrachtes Medaillon besagt. Auf der Rückseite findet sich ihr Name mit einem großen Familienwappen. Es verweist dezent, aber klar auf den gehobenen Stand des Mädchens. Hinweise auf die religiöse Zugehörigkeit der Verstorbenen sucht man an diesem Grabmal hingegen vergebens, auch wenn Sophia ohne Zweifel Christin war. Hier steht das Thema Trauer im Vordergrund des Bildentwurfs.

Sophia Freiin von Baden entstammte einem zähringischen Ministerialgeschlecht, das im Breisgau und besonders in Liel Güter besaß. Ihr Vater Franz Anton Freiherr von Baden (1739-1818) war Präsident der Ritterschaft der Vorderösterreichischen Stände und kaufte 1783 die aufgehobene Kartause bei Freiburg. Er heiratete Maria Anna Sophia Freiin von Sickingen zu Hohenburg (1746-1800) aus Ebnet. Seine Tochter Maria Elisa (1788-1866) war die letzte Namensträgerin und heiratete Christian Freiherrn von Tuerckheim zu Altdorff, der seitdem den Namen von Tuerckheim, genannt von Baden, trug. CZ

Grabmal von Baden in einer historischen Aufnahme

Nr. 655 | Sturm († 1788)

Künstler: unbekannt, roter Sandstein, freistehendes Grabmal

Inschrift:

SEINR
BESTEN SCHWESTER
M: BARBARA STURM
SETZT
DIESEN LEICHENSTEIN
IHR BRUDER
IOS: GUILIELM. STURM
STADTPFARRER
ZU FREŸBURG
SIE. LEBETE 53. IAHRE
UND STARB
WIE SIE LEBETE GUT
DEN. 30. DEC. MDCCLXXXVIII
SIE. RUHE.
IN. DEM. HERRN

Wie viele Grabmonumente um 1800 ist auch das Grabmal von Barbara Sturm (1735-1788) soweit dem klassizistischen Darstellungskanon verpflichtet, dass es abgesehen von dem Hinweis in der Inschrift „Sie ruhe in dem Herrn" keinerlei Hinweise auf christliche Symbole aufweist – und das obwohl der grabstiftende Bruder ein Geistlicher war!

Das freistehende, mit einer eindeutigen Schauseite konzipierte Grabmonument setzt sich zusammen aus einem Obelisken, vor den ein Sarkophag angeordnet ist, über den sich ein trauernder Putto beugt. Schon im altägyptischen Totenkult werden Obelisk und Sarkophag als Grabdenkmale verwendet und gelten insbesondere im Klassizismus als Inbegriff der Grabmalkunst. In der europäischen Tradition steht der Obelisk für Standhaftigkeit und Tugendhaftigkeit der Geehrten. Die abgebrochene Spitze gilt als Sinnbild für das vom Tod abgebrochene Leben. Mit seinen Gesten, sich die Tränen aus dem Auge zu wischen und seine Draperie wie ein Leichentuch über den Sarkophag zu ziehen, regt der gramerfüllte Putto den zeitgenössischen Betrachter zur Anteilnahme an.

Grabmal Sturm in einer historischen Aufnahme

Es ist davon auszugehen, dass die unverheiratet gebliebene Barbara Sturm ihrem Bruder Joseph Wilhelm Sturm (1737-1813) den Haushalt geführt hatte. Da er von 1774-1790 Münsterpfarrer war, wird das Geschwisterpaar den Münsterpfarrhof (nach damaliger Häusernummerierung Haus Nr. 279) in der Herrenstraße 36 bewohnt haben. Erst 1775 wurde das Haus „Zum Schlüssel" von der Münsterfabrik erworben und dient bis heute als Dompfarrei. Nach dem Ableben seiner Schwester kehrte Joseph Wilhelm in seine Geburtsstadt Konstanz zurück, wo er seine geistliche Laufbahn fortsetzte und bis zu seinem Tode das Amt des Officials unter Bischof Karl Theodor von Dalberg innehatte.

MD

Nr. 695 | de Carignani († 1780)

Künstler: unbekannt, roter Sandstein, freistehendes Grabmal

Inschrift:

Die lateinische Inschrift wird von vielen in der Barockzeit üblichen Abkürzungen bestimmt und kann wie folgt übersetzt bzw. interpretiert werden:

HEIC	Hier
SITVS EST ILL.	ruht der berühmte
OCTAV. DE CARIGNANI	Octavianus [Octaviano] de Carignani
S. R. I. EQV. IN CASTR.	des Heiligen Römischen Reiches Ritter im Heere
M. THERES. AC. FRI. SVPR.	Maria Theresias und Freiburgs oberster
EXCVB. PRAEF. NAT. VIEN.	Befehlshaber der Wachen [Platzmajor], geb. in Wien
1728. STIPEND. MER. 32.	1728, verdienter Soldat 32 [Jahre]
DIMIC. SEPT. OB. 5.	in sieben Gefechten, verstorben den 5.
FEB. 1780.	Februar 1780.

(Übersetzung Karlheinz Deisenroth)

Das Grabmal des Octavian oder Octavianus von Carignani ist das früheste aus einer Gruppe von freistehenden Grabmalen aus rotem Sandstein, die zwischen 1780 und 1790 entstanden sind (vgl. auch die Grabmale Hosner Nr. 665, von Mayersburg Nr. 751, Sturm Nr. 655). Sie alle sind Variationen eines klassizistischen Grabmaltypus, bestehend aus den immer wiederkehrenden Elementen wie Putto, Stele oder Obelisk, kombiniert mit weiteren Motiven aus dem klassizistischen Formenfundus. In diesem Fall steht der trauernde Putto vor der Stele mit dem gekürzten Obelisk, welcher von einem Kriegerhelm bekrönt wird (eine Seltenheit auf dem Alten Friedhof!). Vor dem Obelisken ist eine monumentale Kartusche mit Inschrift angebracht, die Namen, Rang, Lebens- und Todesdaten des Verstorbenen anzeigt. MD

Grabmal de Carignani u.a.
in einer historischen Aufnahme

Nr. 127 | Riescher († 1807)

Künstler: unbekannt, gelber Sandstein, Wandnischengrabmal
Inschrift:

HIER.
SCHLÄFT.
GEORG. RIESCHER.
GEB. 28. IÄNNER. 1792.
GEST. 29. OCTOBER. 1807.
DIESZ. DENKMAL. SETZEN
DIESEM
UND. NOCH. 10. KINDREN.
DIE. HIER. RUHEN.
UND. NACH. IHREM. HINSCHEIDEN.
SICH. SELBST.
DIE. BETRÜBTEN. ELTERN.
WERK UND MÜNSTERBAUMEISTER
GEST: 6. MÆRZ 1827. IM 68. JAHR
KATHARINA RIESCHER GEB. STREICHER
GEST. 24. OCT0BER 1829 IM 65. JAHR
UND DIE NOCH LEBENDEN 6 KINDER

Das Grabmal der Familie Riescher besteht aus einer Reliefplatte, die rechts und links von zwei schlanken Säulen flankiert wird, aus deren Kapitellen nach oben hin Äste herauswachsen. Ihre Formen erinnern an gotische Netzrippengewölbe und weisen damit auf den Beruf des Erbauers hin: Vater Riescher (1759-1827) war Münsterbaumeister, wie nicht allein die Inschrift auf dem Sockel, sondern auch der neben dem Obelisken aufragende Münsterturm belegt. Der mit einer Inschrift versehene Obelisk in der Mitte wird von einem Medaillon mit Maurerutensilien bekrönt. Ob damit eine Mitgliedschaft Rieschers bei den Freimaurern angedeutet werden soll? Oder handelt es sich nur um einen weiteren Hinweis auf den Beruf des Familienvaters, nämlich Baumeister und Bildhauer? Johann Georg Riescher (geb. 1759 in Mimmenhausen bei Salem) erhielt 1786 das Bürgerrecht in Freiburg und sechs Jahre später das Steinhauerrecht für den Alten Friedhof.

Die Begräbnisstätte für seinen früh verstorbenen Sohn Georg, die von Anfang an als Familiengrabmal konzipiert war, zeigt einen klassizistischen Aufbau. Die griechisch-römischen Säulen, die mit Festons geschmückte Vase und der ägyptische Obelisk entstammen dem Formenschatz des Altertums. Netzrippen und Münsterturm stehen hingegen für mittelalterliche Gotik.

Eine ähnliche Kombination klassizistischer und gotisierender Formen zeigt das Grabmal für Alexander Deisch (Nr. 795), weshalb beide Werke derselben Künstlerhand (Johann Georg Riescher? Franz Anton Xaver Hauser?) zugeschrieben wurden. Einen Beleg dafür gibt es indes nicht. Vielmehr könnte das Auftauchen gotischer Elemente in beiden Fällen mit der Biografie der hier Bestatteten zusammenhängen: Riescher als Münsterbaumeister und Deisch als Stadtrat sind von ihrer Tätigkeit her eng mit Freiburg und seinem Wahrzeichen, dem Münster, verbunden gewesen.

Katharina Riescher und ihr Mann mussten den Tod vieler Kinder hinnehmen: ein keineswegs untypisches Schicksal für Eltern im 18. und 19. Jahrhundert. Die Eheleute selbst starben relativ betagt im 65. bzw. 68. Lebensjahr. cz

Nr. 458 | Voit († 1802)

Künstler: unbekannt, gelber Sandstein, freistehendes Grabmal

Inschrift Vorderseite:

HIER RUHT
MARIA THERESIA
VOIT
GEBORNE ROTTEK
GEBOREN AM 30. APRIL 1742
GESTORBEN AM 24. MAŸ 1802
MENSCHENFREUNDLICHKEIT
WAR IHR BESTREBEN
SANFT WAR IHR LEBEN
UND RUHIG IHR TOD
DIESES GRABMAAL WEIHT IHR AUS ZAERTLICHER
LIEBE IHR HINTERLASSENER SOHN

Inschrift linke Seite:

VATER
BERNHARD
IOSEPH
VOIT
STARB D. 30.
IAENER 1827.
MUTTER
ELISABETHE
VOIT
STARB D. 25.
FEBRUAR
1853

Inschrift rechte Seite:

VOIT
AMALIA.
ADELHAID.
PAULINA.
FRIDOLIN.
BENIAMIN.
IOSEPH.
FRIDERICKE.
WILHEL
MINE.

Auf einem Sockel steht ein Obelisk. Statt einer Spitze zeigt er eine von einem Bahrtuch umwundene Urnenvase als Zeichen des Todes. Obelisken sind rechteckige, sich nach oben verjüngende Steinpfeiler, die ursprünglich

meist in ägyptischen Heiligtümern für Re (Sonnengott) standen. Über die Römer fanden sie Eingang in die westliche Kunst, insbesondere seit dem Barock auch in die Grabkunst. Trotz ihrer Herkunft aus der heidnischen Antike dürfen die Obelisken als steingewordene Sonnenstrahlen im Zusammenhang mit Friedhofskunst christlich interpretiert werden: Die Sonne ist ein Zeichen für Jesus Christus. Andererseits versinnbildlicht die abgeflachte, andernorts auch abgebrochene Spitze des Obelisken aber auch das durch den Tod beendete Leben.

Hierzu passt die Szene, die in den unteren Teil des Obelisks eingearbeitet ist: In einer Höhle oder einem „Totengewölbe", wie es in der zeitgleichen Grabpoesie häufig thematisiert wird, befindet sich ein Sarkophag. Davor steht ein trauernder Mann, der durch seine Kleidung deutlich als Zeitgenosse der 1802 mit 60 Jahren verstorbenen Maria Theresia Voit gekennzeichnet ist. Ist hier ihr Sohn gemeint, der ihr „aus zärtlicher Liebe" dieses Grabmal weiht? Mag sein, auch wenn die Figur wenig individuell dargestellt ist. CZ

Nr. 17 | Staravasnig († 1792)

Künstler: unbekannt, gelber Sandstein, Wandnischengrabmal

Inschrift:

HIER RUHT DER EDLE MANN DER VOLLE ACHTZEHN JAHR
UNS ALLES ARZT FREUND RATH DES VOLKES LIEBE WAR
DER MIT DEM BESTEN KOPF DAS BESTE HERZ VERBAND
IM WOHLTUN NUR SEIN GLÜCK SEIN FRÜHES ENDE FAND
DIESES DENKMAL SETZEN GUTE FREUNDE
DEM SELIGEN PROFESSOR DER ARZTNEUKUNDE
GEORG STARAVASNIG AUS DANKBARKEIT ER IST
GEBOHREN ZU STEIN IM HERZOGTHUM CRAIN
DEN 9. AP: AO: 1748: STARB DEN 26. MERZ 1792

Über der am Fuße des Grabsteins angebrachten Inschrift ist eine ärztliche Untersuchung im Krankenzimmer abgebildet. Sie beeindruckt durch ihre detaillierte Darstellung. Im Zentrum ist ein Arzt dargestellt, der den Puls seiner Patientin fühlt. Beide sind nach der Mode des 18. Jahrhunderts gekleidet. Im Vordergrund rechts, auf dem Tisch mit Tischtuch, steht ein Medizinfläschchen mit Löffel. In der unteren rechten Ecke ist ein Hocker platziert, auf dem der Arzt seinen Hut abgelegt hat. Sein Spazierstock lehnt hinter dem Tisch rechts an der Wand. Im Hintergrund auf dem Schrank befindet sich ein Medaillon mit Äskulapstab und Büchern. Dies deutet darauf hin, dass hier ein studierter Mediziner praktiziert. Die Szene nimmt auf das berufliche Wirken des verstorbenen Medizinprofessors Georg Carl Staravasnig Bezug. Seit 1784 leitete er das Allgemeine Kranken-Spital, welches vier Jahre zuvor im Haus der Stiftung Sapienz (heute Ecke Herren- und Nußmannstraße) eingerichtet worden war.

Staravasnig stammte aus Stein im heutigen Slowenien. An der Wiener Universität studierte er Medizin und erhielt 1773 eine Professur für Physiologie und Arzneimittellehre an der Universität Freiburg. Mehrmals bekleidete er das Amt des Dekans der Medizinischen Fakultät und 1778/79 wurde er zum Rektor der Universität Freiburg gewählt. Mit nicht einmal 44 Jahren verstarb Staravasnig – möglicherweise hatte er sich bei seiner Arbeit mit Fleckfieber infiziert.

Die hohe künstlerische Qualität des Grabsteins hat dazu geführt, dass er Johann Christian Wentzinger oder seinem Umkreis (z.B. Franz Anton Xaver Hauser) zugeschrieben wurde. Eine Kopie befindet sich als Wandrelief in den heutigen Universitätskliniken (im Hauptgeschoss der Medizinischen Klinik).

SH

Georg Carl Staravasnig

Nr. 398 | Rombach († 1800)

Künstler: unbekannt, roter Standstein, freistehendes Grabmal

Inschrift auf der Urne:
    FIDEL ROMBACH BÜRGER
    HAUPTMAN
    ANDENKEN DER LIEBE
    DEM GATTEN UND VATTER

Inschrift unterhalb der Urne:
    ENTREPRENEUR
    UND K. K.
    VORDERÖSTR.
    SALNITER

Inschrift linke Sockelseite:
    ER
    KÆMPFTE FIR
    DAS UATTERLAND
    UND STARB
    DEN 8. MERZ / 1800

Inschrift rechte Sockelseite:
    STARB IM 16TEN
    JAHRE
    IHRES ALTERS
    DEN 24. JULY / 1809.

Inschrift Sockelvorderseite:
    BEATRIX ROMBACH
    RUHET HIER IN DEИ
    ARMEN IHRES
    VATTERS

Inschrift Sockelrückseite:
    SIE WAR SCHÖИ
    UND.
    TUGENDHAFT
    UND ALGEMEIИ
    GELIEBET

    Auf einem quadratischen, rundum mit Inschriften bedeckten Sockel steht auf einer Plinthe eine Urne mit streng klassizistischem Dekor. Die Inschriften verweisen auf die Grabstätten von Vater und Tochter, weitere Familienangehörige werden nicht genannt. Die Charakterisierung der bereits mit 16 Jahren verstorbenen Tochter Beatrix mit „algemein geliebet" ist wieder ein schönes Beispiel für die Orientierung an anderen Grabmalen auf demselben Friedhof, ist es doch eine leicht variierende Übernahme der Inschrift für Sophie von Baden (Nr. 856) „Sie war allgemein geliebt".

    Obwohl die Urne ein beliebtes Motiv in der Sepulkralkultur der Zeit um 1800 ist, ist ihre ausschließliche Verwendung als eigentliches Grabmonument auf dem Alten Friedhof eher selten anzutreffen. In der Antike diente sie ursprünglich zur Aufnahme der Asche der Verstorbenen, im Klassizismus begegnet sie uns jedoch zum Vergänglichkeitssymbol umgewidmet, da Einäscherungen zu dieser Zeit noch verboten waren.

    Fidel Rombach führte als Hauptmann eines der „Freyburger Freiwilligen Korps" an. Laut Häuserbuch der Stadt Freiburg ist er erst kurz vor seinem Tode 1798 für das „Haus zum Gelben Häslein" in der Eisenbahnstraße 33 gemeldet.

    Die Berufsbezeichnungen des Vaters „Entrepreneur" und „Salniter" lassen darauf schließen, dass Fidel Rombach unternehmerisch mit der Produktion bzw. dem Vertrieb von Salpeter tätig war. Salpeter wurde seinerzeit im Hotzenwald gewonnen und war ein wichtiger Ausgangsstoff sowohl für Düngemittel als auch für Schießpulver.   MD

Nr. 2 | Küsswieder († 1790)

Künstler: unbekannt, gelber Sandstein, Wandnischengrabmal
Inschrift:

> SIE WAR
> GANZ – DOCH NICHT ZU SEHR
> MUTTER
> MARG: REGINA GEBOHRNE HAEGELIN
> VEREHELICHTE KÜSSWIEDER NACHHER LUIGARTH
> GEB: 30 NOV: 1732 STARB DEN 23. MAI 1790

Das Wandnischengrabmal Nr. 2 gilt mit seinem ungewöhnlichen Reliefbild, das von kannelierten Pilastern sowie Mäander- und Wellenband umrahmt ist, zurecht als ein besonders gelungenes Beispiel aus der Zeit des Klassizismus. Sein strenger Aufbau wird gelockert durch die Bekrönung mit einer fast vollplastischen Gruppe auf dem Architrav, die aus drei weinenden Putten mit zwei Urnen besteht. Zeichen des Todes und der Trauer.

Damit kontrastiert formal wie inhaltlich die ausgesprochen lebendige Darstellung einer Mutter mit neun Kindern, die sich in dem Flachrelief darunter befindet. Die Mutter gibt einem Neugeborenen die Brust und reicht einem anderen Kind eine Trinkschale. Die übrigen Kleinen spielen um sie herum, eines klettert sogar einen Baumstamm hoch. Darunter ist die originelle, vieldeutige Inschrift zu lesen: „Sie war ganz – doch nicht zu sehr Mutter".

Das Grabmal wurde für Margaretha Regina Haegelin errichtet. Sie heiratete den verwitweten Wachsspinner Matthias Küsswieder, dem sie sechs Kinder gebar. Später als Witwe ehelichte sie Eusebius Luigarth, mit dem sie drei weitere Kinder hatte. Insgesamt also neun – wie auf dem Reliefbild. Haben wir hier also eine Szene aus dem realen Leben vor uns? Bestimmt nicht. Die Kinder auf dem Relief besitzen alle mehr oder weniger dasselbe Alter, müssten aber doch deutlich in ihren Entwicklungsstadien unterschieden sein. Es handelt sich eher um die Darstellung von Putten als um „echte" Menschen. Das Ganze wirkt wie eine antike oder zumindest antikisierende Allegorie der Fruchtbarkeit und der Fürsorge (Caritas).

Interessanterweise taucht genau dasselbe Bildmotiv auch in einer Zeichnung Johann Heinrich Rambergs auf. Ramberg (1763-1840) war zwar ein guter Freund des Freiburgers Hermann Gottlob von Greiffenegg-Wolffurt (1773-1847), besuchte wohl aber nie die Breisgaumetropole, hat also wohl auch nie das Grabmal Küsswieder selbst in Augenschein genommen. Wenn dem so war, muss es ein gemeinsames, bisher noch nicht entdecktes Vorbild beider Darstellungen gegeben haben. CZ

Johann Heinrich Ramberg,
Stillende Mutter mit Kind und Putten,
Federzeichnung

Nr. 464 | Raufer († 1810)

Künstler: unbekannt, gelber Sandstein, freistehendes Grabmal

Inschrift:

HIER
RUHEN
FRANZISKA
RAUFER
GEB: D: 17 SEPT: 1790
GEST: D: 19 MAERZ
1810.
ZU DEM
DER
EWIGKEIT
DURCH
LEBT.

Kupferstich nach J. A. Nahl, Grabmal für Maria Magdalena Langhans

Der tröstende und mit dem christlichen Glauben untrennbar verbundene Gedanke der Auferstehung wird im Grabmal der mit 20 Jahren verstorbenen Franziska Raufer bildlich dargestellt. Ein aus grobbehauenen Steinquadern bestehender Cippus erhebt sich über einen Felssockel, aus dem die Auferstehende ihre Grabplatte hochhebt, um am Tag des Jüngsten Gerichts aus ihrem Grab zu steigen. Empfangen wird sie von einem Putto. Seine Arme und Hände sind heute verloren; ein historisches Foto legt jedoch nahe, dass er sein Gewand rafft, von dem Teile noch erkennbar sind. Der Totenschädel und die Gebeine unmittelbar neben der Verstorbenen verweisen darauf, dass die Seele ihren vergänglichen Körper verlassen hat.

Die drastische Schilderung vom Anheben des Sargdeckels zitiert ein damals sehr populäres Vorbild. Dargestellt ist, wie die jungverstorbene Schweizer Pfarrersfrau Maria Magdalena Langhans sich und ihrem Sohn den Weg zum Licht bahnt. Dieses Grabmal von 1751 in der Pfarrkirche von Hindelbank (Schweiz) war bis ins 19. Jahrhundert eine bekannte Sehenswürdigkeit und durch druckgrafische Ansichten überregional bekannt.   MD

Nr. 800 | Schinzinger († 1797)

Künstler: unbekannt, gelber Sandstein, urspr. Wandnischengrabmal, heute freistehende Reliefstele
Inschrift:

> A.M. BARBARA SCHINZINGER GEB. KIEFER ZV WENDLINGEN
> DEN IV. DEC. MDCCLXIV GEST. DEN VI. NOV. MDCCLXXXXVII
> JACOB SCHINZINGER REGISTRATOR DER STADT FREYBURG
> GEB. DEN XXXI. MAI MDCCLXI GEST. DEN VII. SEPT. MDCCC
> IHREN LIEBEN ELTERN / SETZEN DIESES DENKMAL DREI KINDER
> MIT IHRER ZWEITEN MUTTER

Das Grabmal für die Eheleute Schinzinger war vermutlich ursprünglich in die Mauer eingelassen. Da der Alte Friedhof immer wieder erweitert wurde, musste dann auch der entsprechende Abschnitt der Friedhofsmauer abgerissen bzw. versetzt werden. Sofern die dort eingelassenen Wandnischengrabmale bei der Umgestaltung erhalten blieben, wurden sie z.T. freistehend andernorts aufgestellt.

Die Reliefplatte zeigt eine grottenähnliche Höhle, in oder vor der zwei Putten mit betrübten Gesichtern ein einfaches Kreuz aufrichten. Ein dritter Putto ergreift eine Schlange, die sich um einen Baumstamm schlängelt. Der Baum mit der Schlange deutet wie bei den Grabmalen von Bissingen (Nr. 125) oder Winder (Nr. 267) darauf hin, dass der Mensch durch den Sündenfall im Paradies sterblich geworden ist. Zugleich steht das für seine Häutungen bekannte Tier auch für das in der Auferstehung erneuerte Leben. Das von den Putten aufgestellte Kreuz verstärkt diesen Aspekt, da es auf den Opfertod Jesu und damit auf die Hoffnung auf ein Weiterleben nach dem Tod hinweist.

In der Antike kommen Putten auf paganen Sarkophagen vor, seit der Renaissance sind sie auch auf christlichen Grabmalen häufig zu finden. Sie werden als nackte, meist männliche Kleinkinder mit oder ohne Flügel dargestellt. Ihr Spiel symbolisiert Tätigkeiten oder Gefühle. In unserem Fall ist der Bezug einfach herzustellen: Laut der Inschrift errichteten die drei Kinder dieses Grabmal für ihre mit 33 Jahren verstorbene Mutter Barbara (1764-1797) und ihren Vater Jacob (1761-1800), der mit 39 Jahren zu Tode kam. Die Putten stehen also sinnbildlich für die trauernden Kinder Schinzinger, die ihren verstorbenen Eltern ein Kreuz als Grabmal errichten.

CZ

Nr. 270 | Imbery († 1795)

Künstler: unbekannt, gelber Sandstein, Wandnischengrabmal
Inschrift:

WER. 77. JAHRE. GEARBEITET.
BEDARF. DER. RUHE.
DIES DENKMAHL
DIE KINDER IHRER MUTTER
ROSA IMBERY GEBOHRNE LAMBERT
GESTORBEN DEN 6. OCTOBER 1795.
… KINDSLIEBE …

In dem Mauernischengrab leitet ein schöner Jüngling eine alte, in Leichentücher gewandete Frau in ihr offenes Grab, in das sie bereits einen Fuß gesetzt hat. Das Ende ihres Erdendaseins wird durch die typischen Vergänglichkeitssymbole Stundenglas und erloschene Fackel am Boden betont. Mit Durchschreiten des im Hintergrund angedeuteten Tores zum Jenseits befinden sich beide nicht mehr in irdischen Gefilden.

Mit ergebenem Gesichtsausdruck folgt Rosa Imbery willig dem ausgestrecktem Zeigefinger, worauf die Inschrift erläuternd eingeht: „Wer 77 Jahre gearbeitet hat, bedarf der Ruhe". Es ist eine Anlehnung an Psalm 90,10: „Unser Leben währet siebzig Jahre, und wenn's hochkommt, so sind's achtzig Jahre, und wenn's köstlich gewesen ist, so ist es Mühe und Arbeit gewesen; denn es fährt schnell dahin, als flögen wir davon." Der gänzliche Verzicht auf christliche Symbole und der nur indirekte Bezug auf die Bibel sind typisch für klassizistische Grabmalkonzepte.

Im Barock wurde gerne mit Totenschädeln oder schauerlichen Gerippen ein furchteinflößender Tod dargestellt. Mit der Aufklärung und besonders mit Gottfried Ephraim Lessings Schrift „Wie die Alten den Tod gebildet" (1769) ändert sich die Vorstellung vom Sterben grundlegend. Jetzt ist ein schöner Jüngling, der Todesgenius Thanatos, der Begleiter der verstorbenen Seele ins Jenseits.

Dieselbe Szene wurde knapp 60 Jahre später von dem Bildhauer Alois Knittel für das Grabmal der Maria Agatha Faller (†1854) auf dem Wiehre-Friedhof wieder aufgegriffen. Die Vorstellung von Thanatos war zu dieser Zeit allerdings längst nicht mehr geläufig, so dass Knittel dem Jüngling Flügel verlieh und ihn in eine Engelsgestalt verwandelte. MD

Grabmal der Maria Agatha Faller auf dem Wiehre-Friedhof

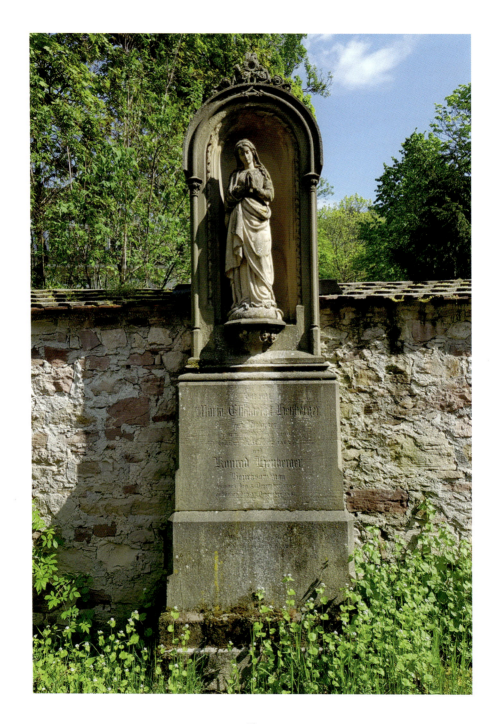

Nr. 970 | Heuberger († 1863)

Künstler: Josef Alois Knittel, gelber Sandstein, Wandgrabmal

Signatur: Knittel

Inschrift:

> Hier ruht
> Maria Elisabetha Heuberger
> geb. Hofacker
> geboren den 15. April 1790
> gestorben den 15. März 1863
> und
> Konrad Heuberger
> Bezirksamtmañ
> geboren den 5. Dezember 1792
> gestorben den 17. Dezember 1866
> Wer so gelebt wie Du
> Schließt froh die Augen zu

Im Zentrum des Grabmals des Ehepaars Heuberger steht eine aus gelbem Sandstein gefertigte Marienfigur, zugleich auch die Namenspatronin der Ehefrau. In ihrer betenden Haltung tritt sie als Fürsprecherin für die Verstorbenen auf. Die Figur steht in ihrer ursprünglichen Umgebung in einer rundgewölbten Nische, die von zwei Säulen getragen wird. Diese können hier als Säulen des Himmels verstanden werden. Der rundbogengeformte First wird von einem Akroterion gekrönt. Den Unterbau bildet ein gegliedertes Postament, auf dem auch die Inschrift angebracht ist. Das Grabmal ist ein typischer Vertreter der an der Friedhofsmauer gelegenen Grabsteine, die in den letzten Nutzungsjahrzehnten des Alten Friedhofs aufgestellt wurden. Zunehmend wurden die Grabsteine an der Mauer durch Postamente erhöht, so dass sie weit über die Friedhofsmauer ragen. Sie setzen sich damit von den älteren und kleineren Mauergräbern ab.

Nach dem „Freiburger Adress-Kalender für das Jahr 1862" wohnte das Ehepaar Heuberger im Haus „Zum Mohren" in der Kaiserstraße (heutige Kaiser-Joseph-Straße Nr. 147/149).   SH

Nr. 795 | Deisch († 1800)

Künstler: unbekannt, gelber Sandstein, urspr. Wandnischengrabmal, heute freistehende Reliefstele
Inschrift:

ER WAR GERECHT
ALEXANDER
DEISCH,
DOCT. DER RECHTE
STADTRATH.
GEB. AM V. SEPT.
MDCCIL.
GEST. AM XXVII APR.
MDCCC.
SEIN ANDENKEN IST HEILIG DER
GATTIN UND SEINEN ZWEY
TOECHTERN DER VATERSTADT
UND SEINEN FREUNDEN UNVER
GESSLICH

Eine nach antiker Mode gekleidete Frauengestalt stellt die Büste eines Mannes auf ein hohes Podest. Schwert und Waage bezeichnen die Frau als Personifikation der Justitia. Die Inschrift weist den Geehrten als Doktor der Rechte aus. Sein Andenken ist der Gattin „heilig". Dementsprechend erinnert das Podest eher an einen antiken Altar als an einen einfachen Sockel.

Alexander Deisch wird als „gerecht" bezeichnet, was nicht allein einem Juristen, sondern auch einem Politiker zur Ehre gereicht. Denn auch das war er: ein Mann des öffentlichen Lebens, ein Stadtrat. Hätte Letzteres nicht bereits die Inschrift verraten, so würde doch der Münsterturm einen Hinweis darauf bieten. Dieser Mensch hat sich intensiv um die Belange Freiburgs gekümmert. Und so blieb er den Freunden „unvergesslich".

Diese Reliefdarstellung darf dank Justitia, Büste mit dem hohen Sockel und einem Rahmen in Form von Säulen als typisch klassizistisches Grabmal bezeichnet werden – wäre da nicht das Maßwerk imitierende Rankwerk als oberer Abschluss und der Münsterturm. Eine solche Verbindung von Klassizismus mit einzelnen gotischen Formen treffen wir auch am Grabmal Riescher

(Nr. 127) an. Dies führte zu der Annahme, dass hier derselbe Künstler am Werk war. Eine andere Erklärung liegt darin, dass beide Darstellungen den engen Bezug der Bestatteten zu Freiburg wiedergeben wollten. Was lag da näher, als das hiesige Münster im Bild zu zitieren?

Laut dem „Bürgerlichen Schematismus der Hauptstadt Freyburg im Breisgau 1798" wohnte Alexander Deisch, „beider Rechte Doctor, in der Dauphinestr. Nro 201 in seinem eigenen Haus". Zu Ehren der späteren französischen Königin Marie-Antoinette hieß die Salzstraße zeitweilig Dauphinestraße. CZ

Nr. 563 | Bruderhofer († 1811)

Künstler: unbekannt, gelber Sandstein, urspr. Wandnischengrabmal, heute freistehende Reliefstele
Inschrift:

GOTT
IST MEIN SCHUTZ
UND
ZUFLUCHT
II. SAM. CAP. 22 V.3
RUHESTAETTE
DER KATHARINA BRUDERHOFER GEBORENE MATHIAS
GEBOREN DEN 25. NOV. 1769
GESTORBEN DEN 29. MAERZ 1811

Diese Reliefdarstellung vertraut ganz auf die Aussagekraft abstrakter Zeichen. Zu ihren Gunsten verzichtete der Bildhauer auf alle szenischen Erzählungen. So steht hier als Bild im Bild eine imposante Grabstele vorne quer mit der Aufschrift „Gott ist mein Schutz und Zuflucht". Damit ist die Hauptaussage, nämlich die Hoffnung auf Gott als Garant für ein gutes Jenseits, getroffen. Hinter dieser Tafel ist ein Teil einer Säule (ohne Basis und Kapitell) als Zeichen eines unvollendeten Lebens zu sehen. Dazwischen liegt ein weiteres Symbol des Todes, die nach unten gerichtete, verlöschende Fackel. Diese Gegenstände umringt im wortwörtlichen Sinne eine Schlange, die sich in den Schwanz beißt: Der Ouroboros (gr. Οὐροβόρος = Schwanzverzehrer) bildet mit seinem Körper einen Kreis als Symbol der kosmischen Einheit (Eins ist alles). Schon die frühesten Darstellungen des Ouroboros gehören in den Bereich der Sepulkralkunst, so auf dem zweiten Sarkophag Tutanchamuns aus dem 14. Jahrhundert v. Chr. Sie verweisen auf das mit dem Tod nicht endende Leben, also auf die Ewigkeit.

Über allem schwebt eine Sonne, die ihre lebensspendenden Strahlen in jede Richtung schickt. Dieser zweite Kreis ist durch ein Dreieck ausgefüllt. Der Sonne als Symbol Gottes wird durch das Dreieck die heilige Dreifaltigkeit gewissenmaßen eingeschrieben. In der Mitte des Dreiecks sitzt ein großes, geöffnetes Auge – das Auge Gottes, das wie die Sonnenstrahlen alles erfasst. Es steht für göttliche Allwissenheit und Allmacht.

CZ

Nr. 41 | Fehrenbach-Hartmann († 1814)

Künstler: unbekannt, gelber Sandstein, Wandnischengrabmal
Inschrift:

> HIER RUHT
> ANDREAS
> FEHRENBACH-
> HARTMANN
> GEB. 12. NOV. 1787
> GEST. 15. JULI 1814
> RUHE SANFT IM SCHOS DER ERDE BIS DES RICHTERS NEUES WERDE
> AUS DEM STAUBE DIESER GRUFT DICH ZUM NEUEN LEBEN RUFT.
> DIESES. DENKMAL WIEDMET SOPHIA FEHRE-
> NBACH GEB. HARTMANN. DEM. VATER. UND GATTEN

Auf den ersten Blick zeigt das Grabmal für den mit 27 Jahren verstorbenen Andreas Fehrenbach-Hartmann eine traditionelle Kreuzigungsszene: Jesus hängt mit zusammengesacktem Körper am Kreuz. Über ihm flattert matt eine Fahne mit der Inschrift INRI (Jesus von Nazareth, König der Juden). Die Dornenkrone auf dem Kopf verbildlicht sein Martyrium. Die geschlossenen Augen kennzeichnen ihn als Toten. Zu seinen Füßen stehen mehrere trauernde Personen. Üblicherweise sind dies seine Mutter Maria, sein Lieblingsjünger Johannes und andere aus dem Neuen Testament bekannte Menschen. Diese können hier nicht gemeint sein, denn die Figuren tragen neuzeitliche Kleidungsstücke, dürfen also als Zeitgenossen, wohl als Familie des Verstorbenen gedeutet werden. Die große Frauengestalt, die ein Tuch zum Trocknen der Tränen in Händen hält, könnte dementsprechend Sophia sein. Laut Inschrift stiftete sie das Denkmal.

Von den zwei Knaben am Fuße des Kreuzes hat der eine seine Hände zum Gebet gefaltet, der andere berührt mit seiner Rechten den Baumstamm, aus dem im oberen Teil das Kreuz gebildet ist. Wie beim Grabmal von Bissingen (Nr. 125) widerspiegelt auch hier der Baumstamm die sogenannte Kreuzholzlegende: Nach ihr wuchs beim Grab Adams auf Golgatha ein Ableger des Paradiesbaums, der später das Material für das Kreuz Christi lieferte. CZ

Nr. 907 | Eiter († 1806)

Künstler: unbekannt, gelber Sandstein,
urspr. Wandnischengrabmal, heute frei stehende Reliefstele
Inschrift:

> HERR. RICHTE. MICH.
> NACH. MEINER.
> GERECHTIGKEIT. Ps: VII. V: 9
> DEM. / UNVERGESSLICHEN.
> GATTEN. VND. VATER.
> DOMINIK. EITER. B: R: Dtr
> BÜRGERMEISTER.
> DER. STADT. FREIBURG. PRAESES.
> DES. IIIten LANDSTANDES
> GEB: 1748 4. JAN:
> STARB. 1806. 17. JAN:

Dominik Eiter

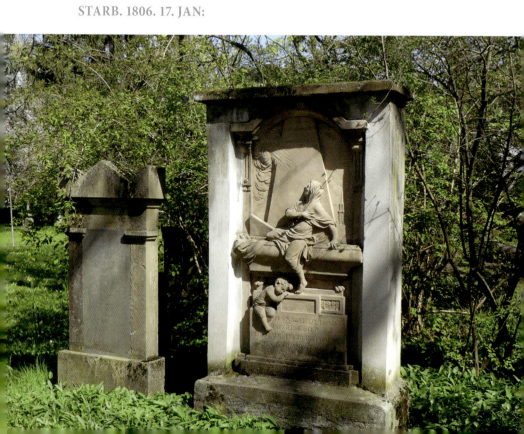

Das ursprüngliche Wandnischengrabmal ist heute freistehend auf dem Alten Friedhof aufgestellt. Wahrscheinlich wurde bei einer der Friedhofserweiterungen die Mauer, in die es eingefügt war, abgerissen. Sein Wandfeld wird nach oben von einem flachen Segmentbogengiebel abgeschlossen, der seitlich auf kannelierten Pilastern ruht. Aus seinem Sarkophag steigt der noch im Leichengewand bekleidete Verstorbene heraus und blickt zuversichtlich hinauf zu dem Lichtstrahl, der aus den Wolken bricht. Zu seinen Füßen unterhalb des Sarkophags sitzt auf dem Inschriften tragenden Sockel ein trauernder Putto.

Wenn auch in den Details stark vereinfacht, wird in der Grundstruktur des Grabmals ein in Freiburg sehr anspruchsvolles wie prominentes Vorbild zitiert: Das Grabmal des General Franz Christoph Josef von Rodt im Freiburger Münster, das der berühmte Johann Christian Wentzinger zwischen 1743 und 1745 geschaffen hatte. Dominik Eiter war „Doktor beider Rechte" und als „Assessor" an der juristischen Fakultät der Universität zur Rechtsprechung bevollmächtigt. Von 1784 bis 1806 war er langjähriger Bürgermeister in Freiburg und in dieser Funktion auch „Oberpfleger über die Fabrik und Einkünfte des Münsters". Die Andeutung des Münsterturms rechts des Obelisken verweist noch mal auf dieses Ehrenamt. In dieser Doppelfunktion gehörte er zu den Spitzen der damaligen Freiburger Stadtgesellschaft und wird mit Wentzinger persönlich bekannt gewesen sein. Der Hinweis im Adressbuch der Stadt Freiburg als wohnhaft „in seinem eigenen Hause" in der Kaiserstraße 112 – das ist das „Haus zum Herbst" – belegt den entsprechenden Wohlstand.

MD

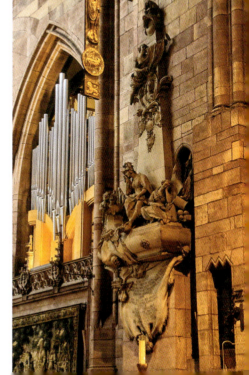

Grabmal Rodt im Freiburger Münster

Nr. 125 | von Bissingen († 1792)

Künstler: unbekannt, gelber Sandstein, Wandnischengrabmal
Inschrift:

CHRISTLICHE RVHSTÆTTE
DER DEN 14. AUGUST 1792. IN DEM 44. JAHRE IHRES
ALTERS IN DEN HERREN ENTSCHLAFENEN M. ANNA
GRAEFIN VON BISSINGEN GEBO. FREYINN VON
STOZINGEN

Allianzwappen

In eine Ädikula, also in einen Rahmen in Hausform, ist eine Kreuzigungsszene eingepasst. Auf felsigem Grund steht mit einem Keil befestigt ein Kreuz aus groben Holzbalken, an dem der Körper des toten Jesu hängt. Merkwürdigerweise flattert sein Lendenschurz im Wind – ein seit dem Mittelalter geläufiges Motiv, das den Gegensatz Leben – Tod veranschaulicht. Neben dem Kreuz liegt ein Totenschädel.

Grabmal von Bissingen u.a.
in einer historischen Aufnahme

Das Kreuz Christi soll auf dem Hügel Golgatha (d.h. Schädelstätte) bei Jerusalem gestanden haben, wo sich auch das Grab des ersten Menschen Adam befunden haben soll. Nach der Legenda Aurea (einer mittelalterlichen Sammlung von Lebensgeschichten Heiliger) hatte der totkranke Adam seinen Sohn Seth ins Paradies geschickt, um Öl zu erbitten. Statt des Öls brachte Seth einen Ableger des Paradiesbaumes, den er neben das Grab des vor seiner Rückkehr bereits verstorbenen Vaters pflanzte.

Maria Anna Freiin von Stotzingen und Graf Ferdinand Ernst Maria Anton von Bissingen

Auch bei unserem Grabmal darf der Schädel am Fuße des Kreuzes nicht allein als Zeichen für Tod und Vergänglichkeit, sondern als Hinweis auf den ersten Menschen gedeutet werden. Durch Adam kam mit der Sünde der Tod in die Welt. Christus nimmt mit seinem Opfertod „die Sünde der Welt hinweg" (Joh. 1,29). Paulus (Röm. 5,14) drückt es so aus: „Denn wie in Adam alle sterben, werden in Christus alle lebendig werden." Dazu passt auch die Baumstruktur der Kreuzbalken. Der Legende nach wurde das Kreuz Christi aus eben dem Paradiesbaum gezimmert. Und so wird das Kreuz des Todes zum Baum des Lebens. Die ganze Darstellung ist somit als Glaubensbekenntnis zu lesen. Da braucht es kaum noch die Worte der Inschrift: „Christliche Ruhestätte".

Maria Anna Freiin von Stotzingen heiratete 1774 Graf Ferdinand Ernst Maria Anton von Bissingen, der in habsburgischen Diensten (ab 1794 als Präsident der vorderösterreichischen Landstände) stand. Als Bekrönung des Grabmals dient das Allianz- oder Ehewappen der Familien von Bissingen (links) und von Stotzingen (rechts) mit der Blätterkrone. Beide Familienwappen bestehen aus mehreren Teilen. Solche „vermehrten Wappen" sind oft aus Allianzwappen entstanden, wenn die Frau selbst erbberechtigt war oder ein Gut in die Ehe einbrachte.

Das hiesige Allianzwappen wird leicht von einem Tuch bedeckt, das seitlich neben den Pilastern der Ädikula herabhängt. Hier bewegt kein Windhauch die Stoffbahnen, schwer bedeckt das Bahr- oder Leichentuch das Grabmal.

CZ

Nr. 288 | Rinck von Baldenstein († 1795)

Künstler: unbekannt, gelber Sandstein, Wandnischengrabmal
Inschrift:

HIER RVHET WAS AN IHM STERBLICH WAR
LVCIVS XAVERIVS CHRISTOPHORVS
RINCK A BALDENSTEIN
NATVS DIE 4. DECEMBRIS 1722
MORTVVS DIE 8. NOVEMBER 1795

Lucius Xaver Christoph Rinck von Baldenstein (1722-1795) stammte aus einer Rätischen Adelsfamilie, deren Wappen eine Lünse, d.h. einen Achsnagel, zeigt. Bei diesem Grabmal ziert das Wappen eine große Vase, über der mehrere Trauerweiden ihre Äste als Symbol des Schmerzes und des Abschieds herabhängen lassen. Die ganze Darstellung ist in einen mehrfach gegliederten Rahmen eingefasst, der unten von einem großen, quer gestellten Totenschrein verdeckt wird. Die Löwenpranken des Sarkophags stehen auf einem vierstufigen Postament, was das Ganze umso imposanter wirken lässt. Die Bildaussage ist klar: Hier wurde kein einfacher Bürger beerdigt. Hier ist ein Adliger aus einem bedeutenden Geschlecht zu Grabe getragen worden.

Befremden mag dabei, dass sowohl ein Sarg als auch eine Urne zu sehen sind. Letztere steht aber nur als Symbol für den Tod, nicht als Zeichen einer Einäscherung des Verstorbenen. Antikisierende Tongefäße „à la grecque" waren um 1800 sehr in Mode und dürfen als Seelengefäße, nicht aber als Aschenurnen interpretiert werden. Im christlichen Europa wurden nämlich seit dem frühen Mittelalter Tote in Erwartung der „Auferstehung des Fleisches" am Jüngsten Tag beerdigt. Nur Verbrecher wie Ketzer oder Hexen bestrafte man mit Verbrennung. Im 18. Jahrhundert brachte zwar die Aufklärung mit ihrer Wertschätzung der Antike eine neue, pragmatische Auffassung vom Tod. Doch dauerte es noch mit der Errichtung von Krematorien bis in die zweite Hälfte des 19. Jahrhunderts. Die Stadt Freiburg erbaute sogar erst 1914 ihr erstes Krematorium auf dem Hauptfriedhof – nicht von ungefähr in Form eines griechischen Tempels.

Im Mittelalter standen die Rincks in Diensten der Bischöfe von Chur, später wurden einige Familienmitglieder selbst Bischöfe und Mitte des 15. Jahrhunderts erwarben sie durch Heirat die Burg Baldenstein, nach der sich der eine Familienzweig fortan nannte. Lucius Xaver Christoph (geb. in Delsberg / Delémont) heiratete Antonie Regina Henrica Freiin von Bodman und nahm verschiedene Ämter für den bischöflichen Stuhl in Basel wahr. Sein Bruder Georg Josef Wilhelm (1704-1762) lebte dort 1744 als Fürstbischof. Ein weiterer Bruder, Ignaz Balthasar Willibald (1721-1807), war ab 1796 letzter Großprior des deutschen Großpriorats der Malteser und Fürst von Heitersheim.

Grabmal Rinck von Baldenstein u.a. in einer historischen Aufnahme

CZ

Nr. 267 | Winder († 1796)

Künstler: unbekannt, gelber Sandstein, Wandnischengrabmal
Inschrift:

ALLHIER. RUHET. IM. FRIEDEN. DER.
HIESIGE. BÜRGER. ZÜNFTIGER. SCHNEIDER.
MEISTER. IOH: IGNAZI. WINDER. STARB.
AM. 22. APRIL. 1796. ALT. 66 IAHRE.
UND. SEIN. SOHN. IOS: WINDER ZÜNFTIGER
BÜRGER. UND. SCHNEIDERMEISTER.
STARB. AM. 2. MAERZ. 1797. ALT. 30. IAHRE.
GOTT VERLEIHE IHNEN
DIE EWIGE RUHE AMEN

Das Grabmal des Schneidermeisters Johannes Ignaz Winder und seines Sohns Joseph zeigt ein Kruzifix auf einem mehrfach gestuften Podest, das seinerseits eine große Inschriftentafel präsentiert. Den mit Dornenkrone bekränzten Kopf des toten Jesu umgibt eine Aureole als Hinweis auf die Auferstehung. Zu seinen Füßen liegt wie beim Grabmal von Bissingen (Nr. 125) ein Totenschädel, der hier ganz deutlich als Adamskopf charakterisiert ist: Um ihn windet sich die Paradiesschlange als Symbol der Ursünde. Auf der anderen Seite des Kreuzes befindet sich ihr Kopf – von einem Stein zerschmettert. Die Botschaft dieses Grabreliefs ist eine Frohe: Jesus Christus nimmt durch seinen Opfertod die Erbsünde hinweg und verspricht eine Auferstehung der Toten.

Kaiser Joseph II. verfügte 1784 per Dekret, dass die Friedhöfe in seinem Reich mit einer Mauer umgeben und damit von der Umgebung abgetrennt werden sollten. Der Magistrat des vorderösterreichischen Freiburgs ließ nach anfänglichem Widerstand im Jahr 1788 den hiesigen Friedhof ummauern. Schnell wurde eine Grabstelle an der Friedhofsmauer zum bevorzugten Bestattungsplatz, insbesondere weil hier repräsentative Wandnischengrabmale errichtet werden konnten. Universitätsprofessoren, Adelige, aber eben auch ein „zünftiger Schneidermeister" fanden an diesem Ort ihre letzte Ruhestätte.

CZ

Nr. 313 | Streicher († 1815)

Künstler: unbekannt, gelber Sandstein, Wandnischengrabmal
Inschrift:

HIER. LIEGT.
MEIN.E GATTIN.
UND.
UNSRE. MUTTER.
MAGDALENA. STREICHER.
GEBOHRENE. BUSCH.
GEBOH DEN. 17. JUNY. 1780.
GESTOR. DEN. 25. MAY. 1815.
WAS. DU.
GENIESEST.
DAS. HOFFEN.
WIER.
DIE. EWIGE.
SELIGKEIT.

Inschrift auf dem Sockel:

Theresia Streicher Xaver Streicher Albertus Streicher
Xaver Streicher geb. 18. Mai 1802 gest 1. Dezemb. 1840
Aña Streicher geb. Lösch gest. 12 Sept. 1842

Das Relief des Grabmals der mit 35 Jahren recht jung verstorbenen Magdalena Streicher zeigt, wie die hinterbliebenen Angehörigen an dem gerade in die Erde gleitenden Sarg trauern. Ihre geneigte Haltung und gramerfüllten Gesten spiegeln sich in der schlanken Trauerweide, die die Szenerie nach oben hin abschließt. Die lebensnahe Darstellung und die zeitgenössische Kleidung ermöglichen den damaligen Betrachtern Anteil zu nehmen. Mit Betonung der Trauer um den Verlust der geliebten Mutter und Gattin wird ein Verständnis von Tod als Schicksal vermittelt, das sowohl Verstorbene als auch Hinterbliebene betrifft. Nur ein kurzer Hinweis in der Inschrift auf dem urnen-

bekrönten Pfeiler verweist auf die christliche Glaubensvorstellung vom Tod als Übergang in ein ewiges Leben („Ewige Seligkeit").

Die weiteren Namensnennungen im Sockel der später verstorbenen Familienmitglieder, die teilweise bereits auf ihrer zukünftigen Begräbnisstätte dargestellt sind, lassen annehmen, dass Magdalena Streicher verheiratet war mit dem Lammwirt Xaver Streicher, ansässig im Haus Nr. 710 „Zum (Goldenen) Lamm" in der Merianstraße 8.

Seit dem Mittelalter wurden in Freiburg die Häuser durch ihre Hausnamen identifiziert. Anlässlich des Aufenthalts Marie Antoinettes in Freiburg während ihrer Brautfahrt nach Paris wurden 1770 alle Häuser der Stadt von 1 bis 975 durchnummeriert, bis 1866 auf das heute übliche System der Hausnummerierungen innerhalb der einzelnen Straßen umgestellt wurde. MD

Nr. 124 | Feuerbach († 1851)

Künstler: Josef Alois Knittel, gelber Sandstein mit weißer Marmorplatte, Wandnischengrabmal
Inschrift:

> Josef Anselm Feuerbach
> geb. 9. Sept. 1798 – gest. 8. Sept. 1851.
> Professor der Archäologie an
> der Universität in Freiburg.

Der klassizistische Grabstein des Archäologen Josef Anselm Feuerbach hat eine Höhe von ca. zwei Metern und wird abgeschlossen von einem Tempeldach. Links und rechts an den Außenkanten sind auf den Kopf gestellte, mit Bändern verzierte Fackeln abgebildet. Sie symbolisieren das Erlöschen des Lebens. Dazwischen befindet sich ein Relief mit einer antiken Frauengestalt, die sich auf eine Felsformation auflehnt und nach rechts blickt. Es handelt sich um Polyhymnia, die Muse der hymnischen Gesänge, wie sie auf dem antiken Relief mit der Apotheose des Homer dargestellt ist.

Ganz links:

„Apotheose des Homer" des Archelaos von Priene

Links:

Polyhymnia

    Josef Anselm Feuerbach wurde in Jena geboren. Sein Vater Paul Johann Anselm von Feuerbach (1775-1833) war ein bedeutender Rechtsgelehrter, Begründer des modernen deutschen Strafrechts und Vormund des berühmten Findelkinds Kasper Hauser. Seine Mutter war Wilhelmine Tröster (1774-1852). Die Kinder- und Jugendjahre Josefs und seiner sieben Geschwister prägten häufige Umzüge. Ab 1817 studierte er in Erlangen Geschichte und Philosophie und später Theologie. Aufgrund einer Erkrankung musste er sein Studium abbrechen. Von 1820 bis 1824 absolvierte er sodann ein Archäologie- und Philologiestudium an der Universität Heidelberg. 1825 zog er nach Speyer, wo er eine Lehrerstelle an einem Gymnasium übernahm. 1833 erschien sein Hauptwerk „Der vaticanische Apollo. Eine Reihe archäologisch-ästhetischer Betrachtungen". 1836 erhielt er hierfür eine Professur an der Universität Freiburg. Aufgrund seines schlechten Gesundheitszustandes konnte er ab 1847 kaum noch lehren. Seit seiner Jugend litt er an Depressionen und einer Nervenkrankheit. Kurz vor seinem Tod 1851 wurde er in vorzeitigen Ruhestand versetzt.

    Mit seiner ersten Ehefrau Amalie Keerl (1805-1830) hatte Feuerbach die beiden Kinder Emilie (1827-1873) und den späteren Künstler Anselm (1829-1880). 1834 heiratete er Henriette Heydenreich (1812-1892).   SH

Josef Anselm Feuerbach

Nr. 409 | Schlosser († 1837)

Künstler: unbekannt, roter Sandstein, freistehendes Grabmal
Inschrift:

> ZUM …
> THERESIA SCHLOSSER
> (nach Stoehr:
> GEB. KUPFERSCHMID
> GEST. 3. FEB. 1837 44 JAHRE ALT)
> EIN …
> (nach Stoehr:
> GEWIDMET VON IHRER PFLEGETOCHTER
> ANNA DISCHLER)

Bis auf den fehlenden Ouroboros ist das Grabmal der Theresia Schlosser genauso wie das ihres acht Jahre zuvor verstorbenen Gatten Alois Schlosser (Nr. 408) gestaltet. Die kaum bemerkbare, aber dennoch spiegelverkehrte Anordnung des aufgelegten Blattschmucks aus Palmwedel und Schlafmohn verweist auf eine von Anfang an geplante zusammenhängende Aufstellung der beiden Grabmale. Der Bezug auf das ältere Grabmal erklärt auch die im Jahr 1837 bereits anachronistische Verwendung klassizistischen Formenguts, haben sich doch längst neogotische Grabmalformen etablieren können.   MD

Nr. 408 | Schlosser († 1829)

Künstler: unbekannt, gelber Sandstein, freistehendes Grabmal

Inschrift Vorderseite:

HIER RUHT
ALOIS SCHLOSSER
GEWESENER
ZUNFTMEISTER U: BEURBARUNGS
CASSIER
GEBOHREN DEN 24TEN FEB: 1767
GESTORBEN DEN 2TEN MERZ 1829

Inschrift Rückseite:

GEWIDMET
VON SEINER HINTERLASSENEN
GATTIN
THERESIA SCHLOSSER
GEBOHRENE KUPFERSCHMIDT.

Mit dem Grabmal von Alois Schlosser werden einmal mehr in der Addition von Obelisk, Palmwedel, Schlafmohn und Ouroboros seit der Antike bekannte und im Klassizismus beliebte Symbole für Sepulkralkultur zitiert.

Über einem hohen Sockel erhebt sich ein Obelisk auf fast quadratischem Grundriss auf vier gequetschten Kugelfüßen. Um den Obelisken herum ist ein plastisch aufgearbeitetes Relief gelegt. Es besteht aus einem Palmwedel, der sich zweifach mit einer Ranke aus Schlafmohn kreuzt. Auf der Freifläche ist ein Ouroboros aufgelegt, die Schlange, die sich selbst in den Schwanz beißend einen Kreis bildet und damit den ewigen Kreislauf von Untergang und Wiederkehr versinnbildlicht. Der Schlafmohn – ein altbekanntes Schlaf- und Betäubungsmittel – verweist in diesem Zusammenhang auf die seit der Aufklärung immer wieder betonte Verwandtschaft von Schlaf und Tod. Die Siegespalme, in der christlichen Tradition wichtigstes Attribut der Märtyrer, gilt im sepulkralen Zusammenhang als Siegeszeichen über den Tod und als immergrüne Pflanze als Unsterblichkeitssymbol.

In den Freiburger Adressbüchern ist Alois Schlosser als Zunftmeister der Balierer vermerkt. Die „Bohrer und Balierer" schliffen und polierten Kristalle und Halbedelsteine für Kirchen- und Tischgerät, Rosenkränze und Schmuck. Sie gehörten zu den wohlhabenden Handwerkern in der Stadt. Die Bezeichnung „Beurbarungscassier" weist auf Mitgliedschaft und Ehrenamt in der bürgerlichen Beurbarungsgesellschaft hin, die Ende des 18. Jahrhunderts wegen der großen Wohnungsnot in Freiburg gegründet worden war. Laut Satzung mussten ihre Mitglieder zünftisch organisiert sein. Ziel war zunächst, Gebiete rund um Freiburg urbar (bewohnbar) zu machen und auch Gewinn zu erzielen, der unter den Trägern der Gesellschaft gleichmäßig aufgeteilt wurde. Während des 19. und beginnenden 20. Jahrhunderts war die Beurbarungsgesellschaft maßgebende Kraft der Stadtentwicklung.

Beide Ehrenämter geben deutliche Hinweise auf die gutsituierte Stellung von Alois Schlosser innerhalb seines Handwerkerstandes, worauf auch das kostspielige Sandsteingrabmal hindeutet. Nachweisen lässt sich die Familie im Unterlindenviertel, im Haus „Zum großen Kelch", Haus Nr. 473, Weberstraße 18.

MD

Nr. 1039 | de Zea Bermudez y Colombi († 1866)

Künstler unbekannt, Kalksteinsockel mit Marmorengel, freistehendes Grabmal
Inschrift:

Monument
erigé au souvenir
de notre chère soeur
Christine
de
Zea-Bermudez
y
Colombi
née à Paris
le 10. Juillet 1841
décédée le 5. Sept.
1866
Priez pour elle!

Die drei „Colombi-Grabmale" in einer historischen Aufnahme

Nur der Sockel des Grabmals der Christine de Zea-Bermudez y Colombi ist in die Nonnengruft verbracht worden, während der marmorne geflügelte Engel an einem Sarkophag noch im Original über der Sockelkopie auf dem Alten Friedhof steht. Die mit nur 25 Jahren verstorbene junge Frau ruht neben ihrer Mutter und ihrer Großmutter.

Da die Großmutter Marie von Colombi (1782-1872), eine geborene von Bode, aus dem Elsass stammte, zog es sie als Witwe an den Oberrhein zurück. Sie ließ sich 1830 in Freiburg nieder. Zwei Jahre später folgte ihr ihre verwitwete Tochter Maria Antonia Gertrudis von Zea Bermudez (1809-1863) hierher. 1859/61 ließ sie sich durch den Freiburger Architekten Georg Jakob Schneider ein herrschaftliches Domizil errichten, das heutige Colombischlössle. Drei Jahre nach ihrem Tode sollte ihre Tochter Christine mit dem Grafen Richard von Kageneck verheiratet werden, starb aber kurz vor der Hochzeit an einer Lebensmittelvergiftung. Das Colombischlössle wurde bald darauf, 1869, verkauft. Erst 1872 starb Marie von Colombi, die sowohl ihre Tochter als auch ihre Enkelin überlebt hatte. 1899 erwarb die Stadt Freiburg die Immobilie, die seit 1983 das Museum für Ur- und Frühgeschichte (2007 umbenannt in Archäologisches Museum Colombischlössle) beheimatet. MD

Nr. 892 | von Welz, († 1865)

Künstler: Wilhelm Walliser, grauer Sandstein, freistehendes Grabmal
Signatur: WALLISER.

Inschrift:
>DIESES DENKMAL
>WIEDMET DER FRAU
>CRESCENTIA V. WELZ
>GEB. BUISSON. DER GATTE.
>SIE STARB GOTTERGEBEN
>AM 18. FEBRUAR 1865.
>MIT IHR VEREINT
>FRANZ V. WELZ
>GEST. D. 7 FEBR. 1870.
>R. I. P.

Dieser Grabstein, der auf einem Postament ruht, weist einen flachen Dreiecksgiebel mit Akroterion und Kreuz auf. Auf der Stele selbst ist die Inschrift angebracht. Darüber befindet sich ein Relief mit drei Engelchen, die dem Betrachter ein Medaillon mit Christuskopf entgegenhalten.

Der Stein ist das Werk des aus Riegel am Kaiserstuhl stammenden Bildhauers Wilhelm Walliser (1831-1898), der wahrscheinlich 1862 nach Freiburg kam. Hier gehörte er zu den gefragtesten Bildhauern für Grabmale. Neben denen auf dem Alten Friedhof schuf er auch solche auf dem Hauptfriedhof, beispielsweise für die Familien von Kageneck und Krebs. Ferner gehören zu seinen Arbeiten der Hochaltar der Riegler Michaelskapelle und eine Ölberggruppe auf dem Waldshuter Friedhof.

Crescentia von Welz, geb. Buisson, für die der Grabstein errichtet wurde, stammte aus einer bedeutenden Freiburger Familie, aus der viele Politiker und Verwaltungsbeamte hervorgingen. Bereits Crescentias Großvater Johann Anton Alexander Buisson (1728 bis um 1800) war Verwaltungsbeamter. Er stand im Dienste des Breisgauischen Ritterstands und der Landstände im Breisgau sowie bei den Grafen von Kageneck und bei General von Harsch. Ihr Vater Franz Anton Alexander Lambert Buisson (1762-1834) hatte die Stelle des Filialkassenverwalters der vorderösterreichischen Regierung inne. Im späteren Großherzogtum Baden war er großherzoglicher badischer Kreiskassier.

Ihre Mutter Maria Crescentia (1771-1846), geb. Bader, gehörte zur Familie des Zunftmeisters Michaelis Bader, Wirt des Gasthauses „Zum Wilden Mann" in Freiburg. Ein Bruder von Crescentia, der Hofgerichtsrat Johann Nepomuk Alexander Buisson (1797-1853), wurde im Revolutionsjahr 1849 zum Bürgermeister der Stadt Freiburg gewählt.

Crescentia selbst heiratete den württembergischen Kaufmann Franz von Welz, der aus Weingarten stammte. 1832/33 ersuchte er um das Freiburger Bürgerrecht. Laut Freiburger „Adress-Kalender für das Schalt-Jahr 1864" wohnte das Ehepaar von Welz im Haus Nr. 903 in der Kaiserstraße (heutigen Kaiser-Joseph-Straße). SH

Auf dem Alten Friedhof sind noch weitere Grabmale der Familie Buisson zu finden, die neben dem von Crescentia von Welz und ihrem Mann liegen:

Grabmal Nr. 888: Mutter Maria Crescentia, geb. Bader, (1771-1846) und Bruder Eduard Buisson (†1869), Freiburger Postverwalter

Grabmal Nr. 889: Vater Franz Anton Alexander Lambert Buisson (1762-1834)

Grabmal Nr. 990: Bruder Johann Nepomuk Alexander Buisson (1797-1853), Hofgerichtsrat, und Nichte Marie (†1835) und Neffe Albert (†1840)

Grabmal Nr. 891: Schwester Amalie Buss, geb. Buisson, (1812-1834), mit ihrem neugeborenen Kind

Kreuz vom Annaplatz
Künstler: unbekannt, grauer Sandstein

Der Christuskorpus des Kreuzes auf dem Kirchplatz vor dem „Anna-Kirchle" (St. Cyriak und Perpetua) in der Wiehre wird in der älteren Literatur Franz Anton Xaver Hauser (1739-1819) zugeschrieben, allerdings ohne dass diese Vermutung durch Quellen gestützt werden kann. Ausgeführt wurde das Werk nach 1810. Das Kreuz ist älter und wurde von der Landstraße Richtung St. Georgen in die Wiehre transferiert.

Franz Anton Xaver Hauser hatte erst kurz davor, 1806, für die Abendmahlskapelle im Freiburger Münster 13 steinerne, fast lebensgroße Figuren geschaffen, deren unterschiedliche Temperamente und Gefühle er überzeugend wiederzugeben wusste. Hauptsächliche Einnahmequelle für ihn und seine in der Werkstatt mitarbeitenden Söhne waren allerdings Grabmale. Dabei arbeitete er entsprechend den Vorgaben seiner Auftraggeber in der gewünschten Stilart und lieferte „sowohl in antique als moderne Arbeit". Der entspannte Gesichtsausdruck des scheinbar schlafenden Jesus, sein wohlgeformter Körper und der harmonische Faltenwurf des Lendentuchs geben der Darstellung des Opfertodes einen versöhnlichen Charakter. MD

Nr. 367 | Stohr († 1865)

Künstler: Josef Alois Knittel, gelber Sandstein, urspr. Wandnischengrabmal, heute freistehende Reliefstele

Signatur: Knittel

Inschrift:

> Hier ruht
> Heinrich Stohr
> geb. den 2.1 Mai 1812, gest. den 24. Jänner 1865,
> Gewidmet von der trauernden
> Gattin

Der großformatige Grabstein ist mit einer Ummantelung versehen, die in einem Rundbogen schließt und mit einem Akroterion verziert ist. Das Figurenrelief zeigt die biblische Szene, wie Jesus kniend im Garten Gethsemane betet: „Vater, willst du, so nimm diesen Kelch von mir; doch nicht mein, sondern dein Wille geschehe! Es erschien ihm aber ein Engel vom Himmel und stärkte ihn." (Lukas 22,42-43).

In der zweiten Hälfte des 19. Jahrhunderts wurden auf dem Alten Friedhof zunehmend Figuren von Engeln und Heiligen (meist Namenspatrone) dargestellt. Der Grabstein Stohr entspricht mit seinem Relief somit ganz dem damaligen Zeitgeschmack.

Heinrich Stohr wird im Freiburger „Adress-Kalender für das Schalt-Jahr 1864" als Handelsmann geführt. Sein Wohnhaus war Haus Nr. 884 in der damaligen Kaiserstraße (heutigen Kaiser-Joseph-Straße).

Der Stein stammt aus der Werkstatt des Freiburger Bildhauers Josef Alois Knittel (1814-1875). Der in Tirol geborene Knittel kam 1847 nach Freiburg. 1848 heiratete er Thekla Geiges, die Schwester des späteren Stadtbaumeisters Sigmund Geiges und Tante des Glaskünstlers Fritz Geiges. Der Brunnen mit der Figur des Mönchs Berthold Schwarz auf dem Rathausplatz gehört zu Knittels bekanntesten Arbeiten. Vornehmlich schuf er aber Grabmale. Auf dem Alten Friedhof befinden sich mehrere von ihm gefertigte Grabsteine. Seine Arbeiten waren aber nicht nur in Freiburg gefragt, auch überregional und bis nach Übersee reichten seine Aufträge.

SH

Nr. 731 | Anonym

Künstler: unbekannt, roter Sandstein, Fragment
Inschrift: nicht erhalten

Von Grabmal Nr. 731 ist nur noch ein Fragment vorhanden. Im Zentrum ist eine Christusfigur zu sehen, die von Weinreben links und rechts umrankt wird. Die Weinreben sind voller Früchte. Die Darstellung bezieht sich auf das Johannesevangelium, in dem Christus sagt: „Ich bin der Weinstock, ihr seid die Reben. Wer in mir bleibt und ich in ihm, der bringt viele Frucht; denn ohne mich könnt ihr nichts tun." (15.5)

Der Überrest des Grabmals ist ein anschauliches Beispiel für den beklagenswerten Verlust von Substanz auf dem Alten Friedhof.　　　　SH

Nr. 956 | Walter († 1867)

Künstler: unbekannt, gelber Sandstein, Liegefigur

Inschrift auf dem geöffneten Buch:

> Es ist
> bestimmt
> in Gottes
> Rath
> das man
> vom Lieb
> sten was
> man hat
> muß
> scheiden

Inschrift auf der Tafel:

> Dieses Denkmal wiedmet
> Selma Schleip geb. Walter [Waller]
> ihrer einzigen Schwester
> Caroline Christine Walter [Waller]
> von Opfingen
> geb. 2. Dez. 1850 gest. 19. Aug. 1867.

Der Grabstein von Caroline Christine Walter gehört zu den bekanntesten auf dem Alten Friedhof. Eine junge Frau mit offenen Haaren liegt langausgestreckt und schlafend auf einem Ruhebett. Ihr Kopf ist leicht nach rechts geneigt und ruht auf einem großen, leicht erhöhten Kissen. Mit elegantem Faltenwurf liegt eine Decke über ihre Beine ausgebreitet. Ihre linke Hand ruht entspannt auf ihrem Oberkörper, ihr rechter Arm liegt seitlich ausgestreckt. In der Hand hält die Schlafende ein aufgeschlagenes Buch, so als wäre die junge steinerne Frau lediglich beim Lesen eingeschlafen. Im Buch und auf der Tafel am Fußende sind die Inschriften zu lesen.

Grabmal der Königin Luise von Preußen

Grabmal Walter in einer historischen Aufnahme

Die Gestaltung des Grabmals ist dem der preußischen Königin Luise (1776-1810) im Mausoleum des Charlottenburger Schlosses nachempfunden. Die dortige Liegefigur sowie der Sarkophag sind eine Arbeit des bedeutenden Bildhauers Christian Daniel Rauch (1777-1857). Diese Grabmalgestaltung fand beim Adel und dem Bürgertum im 19. Jahrhundert Anklang und wurde zahlreich nachgeahmt – so auch hier im Falle des Grabmals Caroline Christine Walters.

Carolines Familie stammte aus St. Nikolaus/Opfingen. Ihr Großvater war Altstabhalter Johann Georg Walter. Sie selbst zog 1864 nach der Heirat ihrer Schwester Selma mit dem Konzertmeister Carl Christoph Schleip in dessen Anwesen vor dem Breisacher Tor. Schleip kam ursprünglich aus Reichenbach in Thüringen. Bevor er sich in Freiburg als Gutsbesitzer und Privatier niederließ, lebte er in Russland und war in St. Petersburg Musiker der kaiserlichen Kapelle. Dort hat er auch seine erste Frau Pauline Marie, geb. Osterloff, verw. Nagel (1824-1862) kennengelernt. Pauline verstarb im Kindbett. Ihr Grabmal Nr. 958 zeigt einen Engel, der eine junge Mutter mit Kind in den Himmel geleitet. Unter ihnen breitet sich das Panorama Freiburgs mit dem Alten Friedhof aus.

Nach dem Tod seiner Frau Pauline lernte Schleip 1864 Selma Walter kennen. Schon zu diesem Zeitpunkt waren Selma und ihre Schwester Caroline Waisen. Bereits 1867 verstarb Caroline mit nicht einmal 17 Jahren an Tuberkulose – einer Krankheit, die im 19. Jahrhundert kaum heilbar war.

Laut Volksmund war Carolines Geliebter von ihrem Tod erschüttert und konnte ihn nicht überwinden. Tagtäglich schmückte er das Grab mit frischen Blumen. Bis auf den heutigen Tag sind stets Blumen auf Carolines Grabmal abgelegt. Daher gilt das Grabmal mit der schlafenden jungen Frau als Symbol der ewigen Liebe.

In der Literatur wird der Grabstein aufgrund seiner künstlerischen Gestaltung immer wieder Alois Knittel zugeschrieben. Michael Klant hingegen benennt Anton Burghart als Steinmetz und verweist auf eine kaum noch lesbare Signatur auf dem Stein. Sicher ist, dass Knittel den Grabstein für Schleips erste Frau Pauline geschaffen hat.

SH

Nr. 838 | Knie (1813-1860) (Foto siehe folgende Doppelseite)

Künstler: Ed. K. Eckert, gelber Sandsteinsockel mit Marmorapplikation und Gusseisenkreuz, freistehendes Grabmal, Signatur: Ed. K. Eckert

Inschrift Vorderseite:

> Joh: Karl Knie.
> Direktor einer Künstler=
> gesellschaft
> geb. den 12. Aug. 1813 in Wien
> gest. den 7 Dez: 1860
> Friede seiner Asche
> Gewidmet von seiner trauernden Wittwe
> und seinen Kindern

Inschrift Rückseite:

> Ich bin
> die Auferstehung und das
> Leben
> wer an mich glaubt
> wird ewig leben

Auf dem freistehenden Grabstein war ursprünglich ein Eisenkreuz angebracht. Die Kopie auf dem Alten Friedhof trägt noch dessen Reste. Die Inschrift und das Familienwappen der Familie Knie werden von einem Spitzbogen eingerahmt.

Der Seiltänzer und Direktor der Künstlergesellschaft „Knie's Arena" Johann Karl Knie war Mitglied der berühmten Schweizer Zirkusfamilie Knie. Sein Großvater praktizierte als Arzt in Wien. Sein Vater Friedrich Knie (1784-1850) schloss sich als Medizinstudent einer fahrenden Truppe an und gründete später eine Seiltänzer- und Künstlergruppe. Seine Mutter war Antonia Stauffer (1786-1833). Nach dem Tod seines Vaters übernahm Johann Karl die Leitung der Künstlergruppe. Er arbeitete als einer der bekanntesten Seiltänzer seiner Zeit. Mit seiner Ehefrau Anastasia Staudinger (1808-1881) hatte er sieben Kinder.

Um seinen Tod in Freiburg ranken sich zahlreiche Legenden. So sei er angeblich bei einer seiner Vorführungen auf dem Freiburger Münsterplatz tödlich verunglückt, als er vom Seil, das vom Münsterturm über den Münsterplatz gespannt war, in die Tiefe stürzte. Die schaulustigen Kinder hätten zuvor immer noch „Knie, Knie, wenn de nab kaisch, dann bisch hi" gerufen. Die bisher bekannten Quellen berichten jedoch von einer weniger spektakulären Todesursache. Laut Karlsruher Zeitung vom 14. Dezember 1860 starb er an einer Lungenentzündung. Zudem fanden laut Freiburger Zeitung vom 23. November 1860 die Vorführung der „Knie's Arena" nicht auf dem Münsterplatz statt. Das Spektakel war in der damaligen Festhalle am Stadtgarten bei Schlechtwetter bzw. bei guter Witterung auf dem Karlsplatz vorgesehen. SH

Freiburger Zeitung vom 23.11.1860

Folgende Seite: Grabmal Knie Nr. 838 u.a.

Grabmal Knie Nr. 838

Anhang

Glossar

Akroterion: Bekrönung des Giebelfirstes
Allegorie: bildliche Darstellung eines abstrakten Begriffs
Architrav: auf Säulen ruhender Querbalken
Aureole: Heiligenschein in Kreisform
Basis: unterster Bauteil einer Säule
Cippus: Grabstein in Form eines Spitzpfahls
Kapitalisinschrift: Schrift ausschließlich aus Großbuchstaben
Feston: dekorative Kette aus Blumen oder Blättern
Kannelierung: Auskehlung von Säulen, Pfeilern oder Pilastern durch Furchen
Kapitell: Säulenknauf, Abschluss einer Säule
Kartusche: Zierrahmen für Wappen
Klassizismus, klassizistisch: Kunststil etwa zwischen 1770 und 1840
Legenda Aurea: Sammlung von Heiligenbiographien des Dominikaners Jacobus de Voragine (1228/29 - 1298)
Neogotik, neogotisch: ein auf die mittelalterliche Gotik zurückgreifender Kunst- und Architekturstil des 18. und 19. Jahrhunderts
Netzrippengewölbe: Mittelalterliches Deckengewölbe
Ouroboros: Schlange, die sich in den eigenen Schwanz beißt und so einen geschlossenen Kreis bildet
Pagan: heidnisch
Pilaster: Aus dem Mauerverbund hervorkragender Teil- oder Wandpfeiler
Plinthe: Fußplatte von Säulen, Pfeilern und Statuen
Postament: Unterbau/Sockel
Relief der Apotheose des Homer: Weiherelief des Archelaos von Priene aus dem zweiten oder ersten Jahrhundert v. Ch., heute im Besitz des British Museum
Rocaille: muschelförmiges Ornament
Rokoko: Kunststil im 18. Jahrhundert
Romantik: Zeitraum in der Kulturgeschichte vom Ende des 18. Jahrhunderts bis weit in das 19. Jahrhundert hinein
Segmentbogen: flacher Bogen, der keinen vollen Halbkreis beschreibt
Sepulkralkultur: Begräbniskultur
Stele: freistehender Pfeiler aus einem Stück oder Gesteinsblock
Putto: kleine, meist nackte Knabenfigur mit oder ohne Flügel
Todesgenius: Begleiter der Verstorbenen ins Jenseits

Ausgewählte Literatur

Bürgerlicher Schematismus der kaiserl.-königl. vorderöstr. Hauptstadt Freyburg im Breisgau, sammt einem Kalender für das Jahr 1801, Freiburg 1801,
abrufbar: http://dl.ub.uni-freiburg.de/diglit/adr1801

Faller, Joachim: Der Friedhof als Quelle frömmigkeitsgeschichtlicher Forschung hinsichtlich des Umgangs mit dem Tod – dargestellt am Beispiel Freiburger Friedhöfe von Mitte des 18. bis Mitte des 20. Jahrhunderts. Diplomarbeit an der Albert-Ludwigs-Universität, Freiburg 1999

Flamm, Hermann: Geschichtliche Ortsbeschreibung der Stadt Freiburg i. Br., Bd. 2: Häuserstand 1400-1806, Freiburg 1903

Flashar, Martin: „Wohllöbliche Philosophische Fakultät!". Leben und Wirken des Archäologen Joseph Anselm Feuerbach (1798–1851), in: Stadtverwaltung Speyer (Hrsg.): 40 Jahre Feuerbachhaus, Schriftenreihe der Stadt Speyer, Band 20, Speyer 2016, S. 40–85

Freiburger Adress-Kalender für das Jahr 1862 zugleich statistisches Handbuch des Großherzoglich Badischen Oberrhein-Kreises, Freiburg 1862,
abrufbar: http://dl.ub.uni freiburg.de/diglit/adr1862

Freiburger Adress-Kalender für das Schalt-Jahr 1864 zugleich statistisches Handbuch des Großherzoglich Badischen Oberrhein-Kreises, Freiburg 1864,
abrufbar: http://dl.ub.uni-freiburg.de/diglit/adr1864

Dorneich, Julius: Der Alte Friedhof in Freiburg im Breisgau, Freiburg 1967

Gesellschaft der Freunde und Förderer des Alten Friedhofs in Freiburg i. Br. e.V. (Hrsg.): Der Alte Friedhof der Stadt Freiburg, Freiburg 2019.

Seidler, Eduard; Leven, Karl-Heinz: Die medizinische Fakultät der Albert-Ludwigs-Universität Freiburg i. Br. Grundlagen und Entwicklungen, 2. Aufl., Freiburg/München 2007

Goenner, Hubert: Eine kurze Geschichte von Gräbern der Freiburger Familie Buisson auf dem Alten Friedhof, abrufbar: https://www.alter-friedhof-freiburg.de/artikel/

Kalchthaler, Peter: Freiburger Wege. Straßennamen mit Geschichte, 3 Bände, Freiburg 1998-2001

Klant, Michael: In einer andern Welt. Der Alte Friedhof, in: Ders. (Hrsg.) Skulptur in Freiburg, Bd. 2: Kunst des 19. Jahrhunderts im öffentlichen Raum, Freiburg 2000, S. 92–102

Kühbacher, Ingrid: Sie lebten in Freiburg. Erinnerungen beim Gang über den Alten Friedhof, 4. Aufl., Freiburg 2006

Poinsignon, Adolf: Die alten Friedhöfe der Stadt Freiburg i. Br. In: Adreßbuch der Stadt Freiburg für das Jahr 1890, Freiburg 1890, S. 1–23,
abrufbar: http://dl.ub.uni-freiburg.de/diglit/adr1890

Schwarz, Thomas: „Wird wieder erwachen". Grabmäler des Alten Friedhofs in Freiburg i. Br. Zulassungsarbeit für das Lehramt an Gymnasien an der Albert-Ludwigs-Universität, Freiburg 1980

Historische Ansicht der St. Michaelskapelle

Schwarz, Thomas: Das Grabmal Feuerbach, Herdermer Bürgerbrief, Herbst 2020, S. 40-44
Uhlbach, Christa Renate: Johann Carl Christoph Schleip und die Entstehung der Erbprinzenstraße in Freiburg, in: Schau-ins-Land: Zeitschrift des Breisgau-Geschichtsvereins, 125 (2006), S. 155-168

Quellen im Stadtarchiv Freiburg

B1 Nr. 86 Berthold Stoehr, Die Toten des Alten Friedhofs zu Freiburg im Breisgau, 1904
B5 XXV Begräbnisbücher Alter Friedhof, C1 Begräbnisse und Friedhöfe 3 (Alte Friedhöfe)
M 7025 Thomas Schwarz (Text) / Rüdiger Buhl (Fotos), Freiburger Grabdenkmäler bis zum Jahre 1872. Dokumentation des Zustands 1982/83

Abbildungsverzeichnis

Vorwort:
- Euphemia Dorer: Anonymer Stich
- Sog. Pergamentplan, 1706, Augustinermuseum D 25/215, Foto Hans-Peter Vieser
- Lithographie von Conrad Bolia, Mitte 19. Jahrhundert, Augustinermuseum D 0285 a, Foto Hans-Peter Vieser
- Schwarzes Kloster, Foto © Matthias Kneusslin

Einleitung:
- Gottlieb Theodor Hase, Vorlage Stadtarchiv Freiburg M-75-13-0614 (Blick vom Schlossberg)

Geschichtlicher Überblick:
- Joseph Wilhelm Lerch, Vogelperspektive von Freiburg im Breisgau, 1852, Augustinermuseum Freiburg, D 2875, Foto Hans-Peter Vieser
- Bestand Gottlieb Theodor Hase, Vorlage Stadtarchiv Freiburg: M-75-13-0177 (verschiedene Grabkreuze)
- Vorlage Stadtarchiv Freiburg, Sign. K 75/1 (Foto K. Müller)
- Thomas Schwarz, Augustinermuseum in den 1980er-Jahren / Abbau des Grabmals Nr. 2 in den 1980er-Jahren / Kopie des Grabmals Nr. 956 in den 1980er-Jahren, © Thomas Schwarz

Katalog:
Seite 12-13: Prärielilien auf dem Alten Friedhof, Foto © Gerhard Krieger
Nr. 2 (Küsswieder) – Johann Heinrich Ramberg: Stillende Mutter mit Kind und Putten, Feder in Braun über Bleistift, 1. Viertel 19. Jahrhundert, Augustinermuseum Freiburg, Inv. G 2322. © Augustinermuseum, Städtische Museen Freiburg, Foto © Axel Killian
Nr. 17 (Staravasnig) – Porträt Staravasnig Universitätsarchiv Freiburg D13/447
Nr. 124 (Feuerbach) – Die Apotheose des Homer, London British Museum 2191: https://de.wikipedia.org/wiki/Apotheose_des_Homer
Nr. 124 (Feuerbach) – Porträt Feuerbach: Universitätsarchiv Freiburg D13/231

Nr. 125 (von Bissingen) – Grabmal von Bissingen u.a., Foto Bestand Gottlieb Theodor Hase, Vorlage Stadtarchiv Freiburg M-75-13-0317
Nr. 125 (von Bissingen) – Portraits der Maria Anna Freiin von Stotzingen und des Grafen Ferdinand Ernst Maria Anton von Bissingen, Privatbesitz
Nr. 270 (Imbery) – Grabmal der Maria Agatha Faller auf dem Wiehre-Friedhof, Foto © Gerhard Krieger
Nr. 288 (Rinck von Baldenstein) – Grabmal Rinck von Baldenstein, Foto Bestand Gottlieb Theodor Hase, Vorlage Stadtarchiv Freiburg M-75-13-0282
Nr. 464 (Raufer) – Anonymer Kupferstich nach Johann August Nahl (1710-1781), Grabmal für Maria Magdalena Langhans in Hindelbank/Schweiz
Nr. 655 (Sturm) – Grabmal Sturm, Foto Bestand Gottlieb Theodor Hase, Vorlage Stadtarchiv Freiburg M-75-13-0316
Nr. 694 (Straumman) – Grabmal Straumman u.a., Foto Bestand Gottlieb Theodor Hase, Vorlage Stadtarchiv Freiburg M-75-13-0276
Nr. 695 (de Carignani) – Grabmal de Carignani u.a., Foto Bestand Gottlieb Theodor Hase, Vorlage Stadtarchiv Freiburg M-75-13-0255
Nr. 781 (Mayr) – Grabmal Mayr, Foto Bestand Gottlieb Theodor Hase, Vorlage Stadtarchiv Freiburg M-75-13-0263
Nr. 838 (Knie) – Ankündigung Knie: Freiburger Zeitung, 23. November 1860, S. 1204
Nr. 856 (von Baden) – Grabmal von Baden, Foto Bestand Gottlieb Theodor Hase, Vorlage Stadtarchiv Freiburg M-75-13-0196
Nr. 907 (Eiter) – Unbekannter Künstler, Portrait Dominik Eiter, ca. 1783-1806, Augustinermuseum, M 34/002
Nr. 907 (Eiter) – Grabmal des General Franz Christoph Josef von Rodt im Freiburger Münster, Foto © Gerhard Krieger
Nr. 956 (Walter) – Grabmal Walter, Foto Bestand Gottlieb Theodor Hase, Vorlage Stadtarchiv Freiburg M-75-13-0321
Nr. 956 (Walter) – Grabmal der Königin Luise von Preußen, © Corinna Zimber
Nr. 1039 (de Zea Bermudez y Colombi) – Fotografie der drei „Colombi-Grabmale", Foto Bestand Gottlieb Theodor Hase, Vorlage Stadtarchiv Freiburg M-75-13-0212

Anhang:
- Bestand Gottlieb Theodor Hase, Vorlage Stadtarchiv Freiburg: M-75-13-1103 (Ansicht der St. Michaelskapelle mit Dame)
- Plan mit den Standorten der Kopien auf dem Alten Friedhof: © Bernhard Utz

Alle übrigen Fotografien: © Corinna Zimber
Fotos der Vorder- und Rückseite: Nonnengruft © Gerhard Krieger